훈민정음의 비밀

세종실록에 숨은
훈민정음의 비밀

우세종 지음

모아북스
MOABOOKS

| 이 책을 먼저 읽은 **추천인** |

 관련 학문을 전공도 하지 않은 저자가 방대한 실록을 다년간 천착해 책을 낸 열정과 공력이 놀랍다. '훈민정음의 비밀'에 대한 나름의 견해를 밝히면서도 논문 형식이 아닌 백문백답 형식을 빌려, 초보자도 수수께끼를 풀어나가듯 책장을 넘기게 만든다. 한 겹 한 겹 비밀 코드를 벗겨가는 과정에서 더러 논리의 비약도 없지는 않지만, 책장을 넘길수록 팩션(faction)을 넘어서는 근거들에 빠져들게 만든다.

 훈민정음(한글)은 자타가 공인하는 세계에서 가장 우수한 문자 체계다. 특히 1940년 '훈민정음해례본'이 발견된 이후, 만든 이와 제자원리까지 밝혀진 문자라는 특징까지 더해져 있다. 그 해례본을 근거로, 세종대왕이 발성기관의 형태(자음)와 성리학 원리(모음)를 본떠 만들었다는 것이 학계의 정설이다.

 그럼에도 최근 '한요부 타삼오해(고려한글)' 등 한글 기원에 대한 새로운 주장들과 함께, 이 책 저자가 함께하는 '신미대사 창제설'도 관련 논의의 지평을 넓히고 있다.

저자는 세종실록의 기록과 훈민정음의 체계를 파고들면서, 그 속에 담긴 불교 코드에 특히 주목한다. 그리하여 신미대사가 훈민정음 보급뿐 아니라 창제 과정에서도 주역이라는 견해에 이른다.

교사와 학생뿐 아니라 우리 글을 사랑하는 사람들, 그리고 관련 학계에서도 눈여겨볼 책으로 보여 모두에게 일독을 권한다.

- **김병우** (제16·17대 충청북도 교육감)

속리산 복천암을 찾은 이들에게 훈민정음 자료를 드린 인연으로 한 권의 책이 되었다고 하니 큰 보람을 느낍니다. 많은 분이 이 책을 읽고 우리 글을 더욱 사랑하기 바랍니다.

- 복천암 **월성스님** (속리산 복천암 선덕)

작가와 함께 법주사와 복천암을 방문하여 여러 이야기를 들은 것이 벌써 10년 세월이 흘렀다. 그동안 작가는 세종대왕과 신미대사, 그리고 불교를 통해 훈민정음의 산통을 분석해 냈다. 인류가 사용하는 문자사에서 가장 높은 평가를 받는 한글의 창제 과정과 반포 과정의 진실을 논리적으로 밝힌 최초의 연구서로, 조선왕조(세종)실록을 중심으로 세종대왕이 질문하고 신미대사가 답변하는 것처럼 일문일답 형식을 통해 학생과 시민의 궁금증을 쉽게 이해할 수 있도록 정리하였다.

- **박진우** (전 경기대학교 교수, 지방자치 연구가)

우리의 자랑스러운 한글(훈민정음)은 흔히 세종대왕이 창제한 것으로 알려졌지만, 세종대왕 개인이 하루아침에 만든 문자가 아니라 한글은 중국의 한자, 인도의 산스크리트 문자, 몽골의 파스파 문자와 같은 숱한 고대 문자를 연구 분석한 수많은 연구자와 조력자가 오랜 기간 참여하여 이루어낸 역사적 집단지성의 산물이다. 이 당연한 사실을 우리는 그동안 잘 몰랐고, 애써 알려고 하지 않았다. 저자가 역사의 탐정이 되어 우리에게 잘못 알려진 사실 하나하나를 검증한 이 지적인 노력이, 이 시대에 우리에게 필요한 인문학적 통찰력을 제공하고 있다.

- **김홍열** (덕성여대 겸임교수, 사회학 박사)

| 작가의 말 |

올해는 훈민정음 반포 580주년이 되는 해다.

처음에 우리글을 훈민정음이라 하였다. 이는 '자식들에게 효를 가르치기 위해 만들어졌기 때문에 훈민정음이라 한 것이다. 훈민정음은 소리글자로써 읽기와 쓰기가 쉬워 현대 사회에 적합한 문자다. 우리나라 사람들은 우리글에 대한 사랑과 열정이 대단하여 훈민정음을 주제로 영화를 만들었다. 우리가 이런 열정과 사랑으로 훈민정음을 세상에 알리고 지켜야 한다. 훈민정음의 파수꾼은 우리글을 사랑하는 분들이다.

세종대왕이 훈민정음을 만들었다고 한다. 묻지도 따지지도 않고 세종대왕이 훈민정음을 만들었다고 믿었다. 이제는 누가, 언제, 어디서, 어떻게, 훈민정음을 만들었는지를 담론할 때가 된 것이다.

매년 10월 9일 아침이면 보은문화답사회 회원들과 한글날

행사로 속리산 복천암을 순례하며 신미대사와 학조대사의 승탑에 차를 올렸다. 오후에는 속리산 사내리에서 훈민정음을 완성한 세종대왕, 훈민정음을 만든 신미대사, 훈민정음을 보급한 세조대왕, 훈민정음해례본을 간행한 학조대사를 추모하는 기념행사를 하였다. 그러나 2018년 코로나가 휩쓸면서 이마저 그만두었다.

오대산 상원사에 보관된 영인본 어첩(御牒)은 최혜정 님이, 신미대사의 영정과 신미대사가 쓴 다라니는 속리산 복천암 월성스님이 제공해주었다.

이런 인연으로 훈민정음에 관심을 가지면서 인터넷으로 세종실록을 보면서 20여 년 동안 의문점을 붙들고 있었다.

왜 세종대왕은 훈민정음을 만들려고 하였을까?
세종대왕이 훈민정음을 만들었을까?
집현전 학자들이 훈민정음을 만들었을까?
신미대사가 훈민정음을 만들었을까?
왜 훈민정음이라 하였을까?
다른 나라 문자를 보고 훈민정음을 만들었을까?
언제 훈민정음을 연구하기 시작하였을까?
훈민정음을 연구하는 사람을 보호하였을까?

얼마 동안 훈민정음을 연구하여 완성하였을까?
훈민정음을 만든 이에게 나라에서 잔치를 크게 하고,
큰 상과 많은 수고비를 주었을까?

이런 의문점을 풀면서 내용을 명확하게 전달하고자 문답식으로 썼다. '세종'과 '세조'는 훈민정음에 대한 공이 너무 커서 쓰지 못하고 '세종대왕', '세조대왕'이라고 썼다.
이 책은 다음과 같은 구성을 바탕으로 훈민정음의 비밀에 대한 모든 것을 알려드리려고 합니다.

1장에서는 세종대왕이 훈민정음을 만들었는지 조사하고 확인하였다.
2장에서는 집현전 학자가 훈민정음을 만들었는지 조사하고 확인하였다.
3장에서는 신미대사가 훈민정음을 만들었는지 조사하고 추정하였다.
4장에서는 언제 훈민정음을 시작하였는지 조사하고 추정하였다.
5장에서는 언제 훈민정음을 반포하였는지 조사하고 확인하였다.
6장에서는 언제 훈민정음해례본을 간행하였는지 조사하

고 추정하였다.

 우리 글을 사랑하는 분들과 이 책을 공유하고 싶었다. 우리글을 사랑하는 분들이라면 이 책에 드러난 문제점이나 오류를 지적하여 주시리라 믿는다. 감사한 마음으로 받아들여 바로 고치려고 한다.

 도움을 주신 분들이 고맙다.
 문화 답사에 동참하신 분들이 고맙다.
 그리고 이 책을 읽어줄 분들도 고맙다.
 정말 고맙습니다!

우세종 씀

일러두기

책의 제목은 겹화살괄호(《 》), 작품 제목은 작은 따옴표(' '), 논문의 제목은 홑화살괄호(〈 〉)로 표기했다. 다만 세종실록, 훈민정음, 훈민정음해례본에는 겹화살괄호를 표기하지 않았다.

| 차례 |

이 책을 먼저 읽은 추천인 • 006

작가의 말 • 009

1장 세종대왕이 훈민정음을 만들었을까?

- 세종대왕이 훈민정음을 만들었을까? • 022
- 창제는 세종대왕이 훈민정음을 만들었다는 뜻일까? • 024
- 신제는 세종대왕이 훈민정음을 만들었다는 뜻일까? • 025
- 훈민정음은 우리나라에 전해진 문자들을 모방하였을까? • 026
- 중국의 한자와 훈민정음은 관계 있을까? • 028
- 인도의 산스크리트 문자와 훈민정음은 관계 있을까? • 031
- 훈민정음은 몽골의 파스파 문자를 모방하였을까? • 033
- 훈민정음은 중앙아시아의 위구르 문자를 모방하였을까? • 036
- 세자에게 나랏일을 맡기려고 하면서 훈민정음을 만들었을까? • 038
- 오랫동안 눈병을 앓으면서 훈민정음을 만들었을까? • 040
- 자주 경연에 참석하면서 훈민정음을 만들었을까? • 042
- 날마다 윤대를 하면서 훈민정음을 만들었을까? • 043
- 날마다 상참의를 하면서 훈민정음을 만들었을까? • 044
- 왜 훈민정음이라 하였을까? • 045

- 왜 훈민정음은 여러 이름이 있을까? • 046
- [더 알아보기] 최세진 • 048
- 왜 훈민정음 해설서까지 훈민정음이라 하였을까? • 049
- 세종어제란? • 051
- 왜 세종어제 서문의 글자 수가 다를까? • 053
- 누가 세종어제훈민정음을 번역하였을까? • 055
- [더 알아보기] 백팔번뇌 • 056
- 세종대왕은 안질을 치료하기 위해 청주 초수로 행차하였을까? • 058
- 세종대왕은 훈민정음해례본을 간행하였을까? • 061
- [더 알아보기] 정의공주와 훈민정음 • 062
- [더 알아보기] 변음과 토착 • 063

2장 집현전 학자가 훈민정음을 만들었을까?

- 집현전 학자가 훈민정음을 만들었다는 학자는? • 066
- 집현전 학자가 훈민정음을 만들지 않았다는 학자는? • 068
- 왜 세종대왕은 집현전 설치를 재촉하였을까? • 069
- 언제 집현전을 설치하였을까? • 070
- 집현전의 목적과 조직은 훈민정음과 관계 있을까? • 072
- [더 알아보기] 경연과 서연 • 074
- 집현전에서 펴낸 책과 훈민정음은 관계 있을까? • 075
- 왜 집현전 학자들이 훈민정음 반포를 반대하였을까? • 077
- [더 알아보기] 최만리 • 079
- 훈민정음 반포를 반대한 집현전 학자들은? • 080

── 집현전 학자들이 훈민정음 반포를 반대하고 받은 벌은? • 084
── [더 알아보기] 임금을 속인 죄 • 086
── 집현전 학자들은 훈민정음을 만들 수 있었을까? • 087
── 정인지 서문에 나오는 학자들이 훈민정음을 만들었을까? • 089
── [더 알아보기] 정인지 서문에 나오는 학자들 • 091
── [더 알아보기] 사가독서 • 093
── 집현전 학자들은 훈민정음으로 상을 받았을까? • 094
── [더 알아보기] 《고금운회거요》와 《홍무정운》 • 095
── 훈민정음을 만들기 위해서 중국 음운학자를 만났을까? • 097
── 왜 집현전을 폐지하였을까? • 099

3장 신미대사가 훈민정음을 만들었을까?

── 신미대사가 훈민정음을 만들었을까? • 102
── 왜 훈민정음은 비밀리에 연구되었을까? • 104
── 인재가 중요하다고 한 것과 훈민정음 발명은 관계 있을까? • 106
── [더 알아보기] 세종대왕의 인사 원칙 • 107
── 세종대왕이 총애한 것과 훈민정음 발명은 관계 있을까? • 109
── 혜각존자 신미대사는 누구인가? • 111
── [더 알아보기] 함허대사 • 114
── [더 알아보기] 원경왕후 • 116
── 신미대사는 훈민정음을 만들 능력이 있었을까? • 119
── [더 알아보기] 제주 고관사의 목조 아미타 불상 • 122
── [더 알아보기] 영가부부인 신씨 • 123

―― 신미대사가 불교적인 숫자를 훈민정음에 적용하였을까? • 125

―― 높은 예절로 대우한 것과 훈민정음 발명은 관계 있을까? • 127

―― 두 왕자가 공양한 것과 훈민정음 발명은 관계 있을까? • 128

―― 조선 최고의 봉작과 훈민정음 발명은 관계 있을까? • 130

―― 신미대사가 받은 봉작의 뜻은? • 132

―― [더 알아보기] 교지 • 135

―― 스님들에게 잔치를 베푼 것과 훈민정음 발명은 관계 있을까? • 137

―― [더 알아보기] 고양 대자사 • 139

―― 복천사 중창과 훈민정음 발명은 관계 있을까? • 141

―― 복천사 삼존불 봉안과 훈민정음 발명은 관계 있을까? • 144

―― 복천사 어기대와 훈민정음 발명은 관계 있을까? • 147

―― 묘당에 모시자는 것과 훈민정음 발명은 관계 있을까? • 149

―― [더 알아보기] 세종대왕 때 묘당에 모신 분들 • 151

―― [더 알아보기] 정효강 • 151

―― [더 알아보기] 정효강의 집안 형제 • 153

―― 원각선종석보와 훈민정음 발명은 관계 있을까? • 156

―― [더 알아보기] 천불사 • 158

―― [더 알아보기] 신미대사와 김시습 • 159

―― [더 알아보기] 정시한의 산중일기 • 160

4장 언제 훈민정음을 만들기 시작하였을까?

―― 김화 사건과 훈민정음은 관계 있을까? • 164

―― [더 알아보기] 강상죄 • 165

───── 삼강행실과 훈민정음은 관계 있을까? •166

───── [더 알아보기] 효행록 •168

───── 언제 삼강행실을 편찬하였을까? •169

───── [더 알아보기] 설순 •170

───── 언제 삼강행실을 간행하였을까? •171

───── 삼강행실에 넣은 그림과 훈민정음은 관계 있을까? •172

───── 언제 삼강행실을 각도에 나눠주었을까? •173

───── 삼강행실을 가르치는 것과 훈민정음은 관계 있을까? •174

───── [더 알아보기] 정창손 •176

───── 세종대왕 때 삼강행실을 번역하였을까? •177

───── 언제 삼강행실을 번역하였을까? •179

───── [더 알아보기] 어우동 •181

───── [더 알아보기] 유감동 •182

───── [더 알아보기] 조선의 형벌 제도 •183

───── 왜 삼강행실을 보완하여 계속 간행하였을까? •186

───── 언제 훈민정음을 만들기 시작하였을까? •188

5장 언제 훈민정음을 반포하였을까?

───── 제 자와 훈민정음 반포는 관계 있을까? •192

───── 상친제와 훈민정음 반포는 관계 있을까? •194

───── 신제와 훈민정음 반포는 관계 있을까? •196

───── 창제와 훈민정음 반포는 관계 있을까? •198

───── 제작언문과 훈민정음 반포는 관계 있을까? •200

― 임금을 속인 죄와 훈민정음 반포는 관계 있을까? • 202
― 극욕광포와 훈민정음 반포는 관계 있을까? • 204
― 선갑선경과 훈민정음 반포는 관계 있을까? • 206
― 약행언문과 훈민정음 반포는 관계 있을까? • 208
― 의혹 없이 시행해야 하는 것과 훈민정음 반포는 관계 있을까? • 210
― 풍속을 바꾸는 일과 훈민정음 반포는 관계 있을까? • 212
― 목판에 언문을 새긴 일과 훈민정음 반포는 관계 있을까? • 213
― 훈민정음 공문서와 훈민정음 반포는 관계 있을까? • 215
― [더 알아보기] 환관 • 216
― 훈민정음으로 시행한 과거와 훈민정음 반포는 관계 있을까? • 217
― [더 알아보기] 조선의 과거제도 • 219
― 운회의 번역과 훈민정음 반포는 관계 있을까? • 221
― 용비어천가와 훈민정음 반포는 관계 있을까? • 223
― 석보상절과 훈민정음 반포는 관계 있을까? • 225
― [더 알아보기] 소헌왕후 • 227
― 동국정운과 훈민정음 반포는 관계 있을까? • 229
― 왜 섣달그믐에 훈민정음을 반포하였을까? • 231

6장 언제 훈민정음해례본을 간행하였을까?

― 훈민정음해례본은 어떤 책일까? • 234
― 어디서 훈민정음해례본을 샀을까? • 237
― [더 알아보기] 간송 전형필 • 239
― 간송본을 팔면서 왜 거짓말을 하였을까? • 241

───── 긍구당에서 간송본을 보관했을까? • 243
───── [더 알아보기] 긍구당 • 244
───── 누가 훈민정음해례본을 편찬하였을까? • 245
───── 누가 세종어제를 기초하였을까? • 246
───── 누가 훈민정음해례를 지었을까? • 247
───── 사람들을 깨우치라고 한 것과 훈민정음해례본은 관계 있을까? • 249
───── 훈민정음성과 훈민정음해례본은 관계 있을까? • 250
───── 왜 훈민정음성을 달리 해석하였을까? • 252
───── 왜 한글날이 10월 9일 일까? • 254
───── 왜 세조대왕은 권선문을 훈민정음과 한문으로 지었을까? • 255
───── 월인석보와 훈민정음해례본은 관계 있을까? • 257
───── 간경도감과 훈민정음해례본은 관계 있을까? • 259
───── 복천사 행차와 훈민정음해례본은 관계 있을까? • 261
───── 왜 효령대군은 세조어제 후기를 지었을까? • 264
───── 누가 간경도감에서 일하였을까? • 267
───── [더 알아보기] 학조대사 • 268
───── 언제 간경도감을 폐지하였을까? • 270
───── 상주본의 발견으로 밝혀진 것은? • 272
───── 안동 광흥사와 훈민정음해례본은 관계 있을까? • 274
───── 광흥사에 보관된 훈민정음해례본은 어찌 되었을까? • 276
───── [더 알아보기] 서여 민영규 • 278
───── 조선 백성은 언제 훈민정음을 사용하였을까? • 280

참고 문헌 • 282

終聲解

終聲者承初中而成字韻如卽字
終聲是ㄱㄱ居ㅈ終而爲즉之類也
聲有緩急之殊故平上去其終聲不類入聲之促急
初聲ㆁㄴㅁㅇㄹㅿ六字爲平上去聲之終而餘皆爲入聲之終也
然ㄱㆁㄷㄴㅂㅁㅅㄹ八字可足用也如빗곶爲梨花영의갗爲狐皮而ㅅ字可以通用故只用ㅅ字

1장

세종대왕이 훈민정음을
만들었을까?

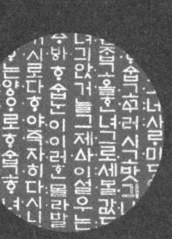

세종대왕이
훈민정음을 만들었을까?

  세종대왕이 훈민정음을 만들었다고 한다. 그러나 세종대왕이 훈민정음을 만들었다는 기록은 없다. 세종실록에서 세종대왕이 훈민정음을 만들었다는 기록을 살펴보는 일은 중요할 것이다.

 ① 정인지가 훈민정음해례본 서문에서 '세종대왕이 훈민정음을 창제(創制)하였다' 고 밝혔으므로 창제가 훈민정음을 만들었다는 뜻인지 확인할 것이다.
 ② 세종어제에 있는 '신제(新制) 28자' 가 세종대왕이 훈민정음 28자를 만들었다는 뜻인지 확인할 것이다.
 ③ 세종대왕에게 소리글자를 만들 능력이 있었는지 확인하고자 소리글자인 인도 문자와 몽골 문자에 해박하였는지를 조사할 것이다.
 ④ 세종대왕이 훈민정음을 오랫동안 연구하였는지 조사할 것이다.
 ⑤ 세종대왕이 훈민정음을 만들었다는 근거가 세종실록

에 있는지 확인할 것이다.

　세종실록을 살펴보고 위와 같은 내용이 확인된다면 세종대왕이 훈민정음을 만들었다는 것이 확실한 것이다.

창제는 세종대왕이 훈민정음을
만들었다는 뜻일까?

　예조판서 정인지도 훈민정음해례본 서문에서 "세종대왕이 훈민정음을 창제(創制)하였다"고 하였다. '세종대왕이 창제하였다'는 말을 사람들은 '세종대왕이 훈민정음을 만들었다'고 해석하는 것이다. 그래서 창제가 세종대왕이 훈민정음을 만들었다는 뜻인지를 확인하려고 《한자대자전》(민중서관 제3판, 이하 옥편)을 이용하여 창제의 뜻을 살펴보았다.

① 창건하여 다스림
② 제도를 만듦

　옥편에 창제의 뜻은 창건하여 다스림과 제도를 만듦이라 하였다. 창건하여 다스린다는 뜻은 해당 없으므로 제도를 만들었다는 뜻이다. 반포해야 제도가 만들어지므로 창제는 반포라는 뜻인 것이다. 그러므로 정인지 서문에 "나의 전하께서 훈민정음을 창제(創制)하였다"는 기록은 세종대왕이 훈민정음을 만들었다는 뜻이 아니라 세종 25년(1443) 12월 30일에 훈민정음을 반포하였다는 뜻인 것이다.

신제는 세종대왕이 훈민정음을 만들었다는 뜻일까?

　세종어제(世宗御製) 서문에 "신제(新制) 28자"가 있다. '신제 28자'를 '새로 스물여듧 쯔를 밍ᄀ노니'라고 번역하여 세조 5년(1459)에 편찬한 《월인석보》에 실었다. 일부 학자는 이를 세종대왕이 훈민정음 28자를 만들었다고 해석하였다.

　그래서 '신제 28자'가 세종대왕이 훈민정음을 만들었다는 뜻인지를 확인하려고 옥편을 이용하여 '신제'의 뜻을 알아보았다.

① 새로운 제도
② 새로운 체제

　옥편에 신제의 뜻은 새로운 제도, 새로운 체제라 하였다. 반포해야 새로운 제도나 새로운 체제가 만들어지므로 신제는 반포라는 뜻이 분명하다.

　그러므로 세종어제 서문에서 '신제 28자'라고 한 것은 훈민정음 28자를 세종 25년(1443) 12월 30일에 반포하였다고 세종대왕이 밝힌 것이다.

훈민정음은 우리나라에 전해진 문자들을 모방하였을까?

세종실록에 훈민정음은 고전(古篆,옛 중국에서 한자를 표기하는 데 쓰던 서체의 하나)을 모방하였다고 하였다. 고전을 모방하였다는 의미를 넓게 해석하면 우리나라에 전해진 여러 문자를 모방하여 훈민정음을 만들었다는 뜻이고, 좁게 해석하면 중국의 전서(篆書)를 모방하여 훈민정음을 만들었다는 뜻이다.

송기중(1942~현재, 한국정신문화연구원 교수)은 〈세계의 여러 문자와 한글〉(새국어생활, 제6권 제2호, 1996년 여름)이라는 논문에서 "기존의 문자는 새 문자를 만드는 과정에 필연적으로 영향을 주었다"고 하였다. 이 논문에 따르면 고전을 넓게 해석해서 우리나라에 전해진 중국의 한자, 인도의 산스크리트 문자, 몽골의 파스파 문자를 모방하여 훈민정음을 소리글자로 만들었다고 할 수 있다.

훈민정음이 고전을 모방하였다는 내용이 세종 25년(1443) 12월 30일 세종실록에 실려 있다.

이달에 임금이 친히 언문 28자를 제정하였는데, 그 글자가 고전을 모방하고, 초성·중성·종성으로 나누어 합한 연후에야 글자를 이루었다. 무릇 문자에 관한 것과 사투리나 속어 상말이나 속된말을 모두 쓸 수 있고, 글자는 비록 간단하지마는 전환이 무궁하니, 이것을 훈민정음이라 하였다.

정인지의 서문에도 훈민정음이 고전을 모방하였다고 한 내용이 세종실록 세종 28년(1446) 9월 29일에 실려 있다.

계해년 겨울에 우리 전하께서 정음 28자를 제정하여 예의를 간략하게 들어 보이고 명칭을 훈민정음이라 하였다. 물건의 형상을 본떠서 글자는 고전을 모방하고,

훈민정음은 중국의 한자뿐만 아니라 인도의 산스크리트 문자, 몽골의 파스파 문자를 모방하여 훈민정음을 소리글자로 만든 것이다.

중국의 한자와
훈민정음은 관계 있을까?

훈민정음이 고전(古篆)을 모방하였다는 말은 중국의 한자를 만드는 원리인 상형, 지사, 회의, 형성, 가차, 첨가법 등을 모방하여 훈민정음을 만들었다고 해석할 수 있다.

상형(象形)은 산(山), 천(川), 수(水), 화(火)처럼 사물의 모양을 따서 만든 한자를 가리킨다. 상형 원리를 적용하여 만든 훈민정음은 둥근 하늘을 모방한 ●, 평평한 땅 모양을 모방한 ㅡ, 서 있는 사람 모양을 모방한 ㅣ 등이라 할 수 있다.

지사(指事)는 상(上), 하(下)처럼 상징적인 기호로 만든 한자이다. 지사 원리를 적용하여 만든 훈민정음은 수미산을 상징하여 만든 △자일 것이다. 그러나 △자는 人에서 파생하여 만든 글자라는 의견도 있다.

회의(會意)는 같은 글자를 합하거나 다른 의미의 두 글자를 합하여 만든 한자를 말한다. 회의 문자는 나무 목(木) 2개를 합하여 수풀 임(林), 3개를 합하여 빽빽할 삼(森), 아들 자(子)와 계집 여(女)를 합하여 좋은 호(好), 날 일(日)과 달 월(月)을 합하여 밝을 명(明) 등이 있다. 회의를 적용하여 만든 훈민정음 글자는 종성이나 초성에 많다. ㄱ을 겹친 ㄲ, ㄷ을 겹친 ㄸ, ㅂ을 겹친 ㅃ, ㅅ을 겹친 ㅆ, ㅈ을 겹친 ㅉ 등이 있다. 그리고 ㄳ, ㄵ, ㄶ, ㄺ, ㄼ, ㄽ, ㄾ, ㄿ, ㅀ, ㅄ 등과 ㅐ, ㅒ, ㅔ, ㅖ, ㅘ, ㅙ, ㅚ, ㅝ, ㅞ, ㅟ, ㅢ 등도 회의 원리를 적용하여 만들었다고 할 수 있다.

형성(形聲)은 소리를 나타내는 부분과 뜻을 나타내는 부분으로 한자를 만드는 방법이다. 훈민정음은 소리글자이므로 형성을 적용하여 만들 필요가 없었을 것이다.

가차(假借)는 한자에서 원래 뜻과는 상관없이 음만 빌려 쓰거나 뜻만 빌려서 쓰는 방식으로 만든 한자이다. 아세아(亞細亞)가 아시아를, 서반아(西班牙)는 스페인을 뜻하는 것이다. 훈민정음은 소리글자이므로 가차 원리를 적용하여 글자를 만들 필요가 없었을 것이다.

첨가법은 획을 더하여 한자를 만드는 방법이다. 한 일(一)에 획을 더해 두 이(二), 다시 획을 더해 석 삼(三)을 만드는 방법을 말한다. 첨가법을 적용하여 만든 훈민정음은 자음 ㄱ에 획을 더한 ㅋ, ㄷ에 획을 더한 ㅌ, ㅅ에 획을 더한 ㅈ, ㅈ에 획을 더한 ㅊ 등이라 할 수 있다. 그리고, 모음 ㅏ에 획을 더한 ㅑ, ㅓ에 획을 더한 ㅕ, ㅗ에 획을 더한 ㅛ, ㅜ에 획을 더한 ㅠ, ㅐ에 획을 더한 ㅒ, ㅔ에 획을 더한 ㅖ 등이 첨가법을 적용하여 만든 훈민정음이라 할 수 있다.

훈민정음은 한자를 만드는 원리인 상형, 지사, 회의, 첨가법 등을 모방하여 만든 것이다.

세종대왕은 뜻글자인 한문에는 능통하였으나 소리글자인 인도의 산스크리트 문자와 몽골의 파스파 문자를 몰랐다. 그러므로 세종대왕이 훈민정음을 만들었다면 소리글자가 아닌 일본 문자처럼 뜻글자로 만들었을 것이다.

인도의 산스크리트 문자와 훈민정음은 관계 있을까?

훈민정음이 고전(古篆)을 모방하였다는 말은 인도의 산스크리트 문자를 모방하였다고 해석할 수 있다. 산스크리트 문자의 원리를 적용하여 발음기관의 모양을 본떠서 훈민정음의 닿소리를 만들고, 발성 위치에 따라 닿소리의 순서를 정하였으며, 음소 단위로 홀소리와 닿소리를 만들었다고 볼 수 있다.

성현(1439~1504)은 《용재총화》에서 훈민정음은 산스크리트 문자에 의해 만들어졌다고 하였다. 《용재총화》는 고려부터 조선 성종까지 민속, 역사, 지리 등 다양한 설화를 담고 있다.

이수광(1563~1628)은 《지봉유설》에서 언문은 글자 모양이 전적으로 산스크리트 문자를 모방하였다고 하였다. 《지봉유설》에는 어원의 해석, 훈민정음의 범자 모방설, 서구 문명 등이 실려 있다.

황윤석(1729~1791)은 《운학본원》에서 간결하고 편리한 훈민정음은 그 근원이 산스크리트 문자의 범위를 벗어나지 않는다고 하였다. 《운학본원》에는 산스크리트 문자, 파스파 문자, 위구르 문자, 거란 문자, 안남 문자, 일본 문자 등의 유래가 실려 있다.

이능화(1869~1943)는 《불교통사》에서 산스크리트 문자와 훈민정음의 글자 꼴이 비슷한 점을 들어 훈민정음은 산스크리트 문자에서 기원한다고 하였다.

윌리엄 존스(1746~1794)는 베다문학, 고전 산스크리트 문학을 영어로 번역하고 영국 최초로 산스크리트 연구 및 인도학을 창시하고 비교언어학의 토대를 마련한 언어학자다. 그는 산스크리트어가 유럽인들의 고전어인 라틴어, 그리스어와 많이 닮았다는 점을 들어 산스크리트어가 유럽의 모어(母語)라고 하였다. 또한, 훈민정음과 산스크리트 문자의 문법적인 유사성이 많은 점을 들어 훈민정음은 산스크리트 문자를 모방하였다고 하였다.

훈민정음은 몽골의
파스파 문자를 모방하였을까?

  훈민정음이 고전(古篆)을 모방하였다는 말은 몽골의 파스파 문자를 모방하여 만들었다고 해석할 수 있다. 몽골의 파스파 문자를 모방하여 닿소리의 글꼴과 소리를 모방하였다고 볼 수 있다.

  몽골의 파스파 문자는 칸 쿠빌라이(1215~1294)가 넓은 국토를 통치하기 위해 티베트의 파스파 스님에게 만들게 하여 티베트 문자, 인도의 산스크리트 문자, 위구르 문자 등을 참고하여 1265년에 만들었다.

  파스파 문자로 쓴 책에는 중국 사람들의 성을 쓴 《백가성》, 한자의 발음을 표기한 《몽고자운》 등이 있고, 파스파 문자는 비문과 그림 등에 남아 있다. 파스파 문자는 읽기는 쉬우나 쓰기가 어려워 100여 년 동안 사용하다가 읽고 쓰기 쉬운 위구르 문자로 대체되었다.

  방편자 유희(1773~1837)는 《언문지》(1824)에서 세종대왕 때에 사신에게 명하여 몽골 문자의 모양을 본떠 언문을 만들었다고 주장하였다. 유희는 언문은 비록 몽골에서 시작되었으나 조선에서 이루어졌다고 하였다.

컬럼비아대학교의 게리 레드야드(1932~2021)교수는 1966년 논문에서 훈민정음은 소리가 같은 파스파 문자의 기하학적 모양을 빌려 이를 단순화하여 기본자음인 ㄱ, ㄷ, ㅂ, ㅈ, ㄹ을 만들었다고 하였다.

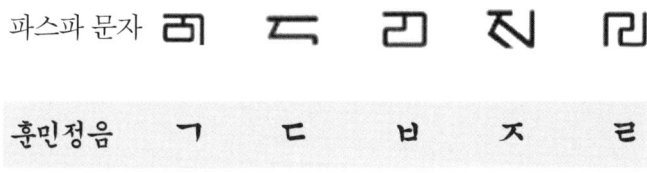

국어학자 유창균(1925~2015)은 소리가 같은 파스파 문자를 모방하여 훈민정음의 기준이 되는 다섯 글자인 ㄱ, ㄷ, ㅂ, ㅈ, ㆆ을 만들었다고 하였다.

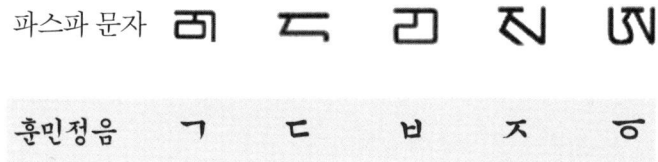

국어학자 정광(1940~현재)은 《한글의 발명》(김영사, 2009)에서 훈민정음은 파스파 문자의 영향을 받았다고 하였다. 차이점으로는, 파스파 문자는 다른 소리로 읽힐 때가 있으나 훈민정음은 한 소리로 읽히고, 파스파 문자는 읽기는 쉬우나 쓰기가 불편하지만, 훈민정음은 읽고 쓰기가 쉽다고 하였다. 그러면서 훈민정음의 독창성은 자음과 모음을 분리하여 소리를 내는 방식이라 하였다.

세종대왕이 훈민정음을 만들었다면 파스파 문자와 산스크리트 문자에 해박하였을 것이다. 그러나 세종대왕이 파스파 문자와 산스크리트 문자에 해박하였다는 기록이나 자료가 없다.

훈민정음은 중앙아시아의 위구르 문자를 모방하였을까?

 훈민정음이 고전(古篆)을 모방하였다는 말은 중앙아시아의 위구르 문자를 모방하였다고 해석할 수 있다. 파스파 문자가 위그르 문자의 영향을 받아 만들어졌기에 파스파 문자를 모방한 훈민정음은 위구르 문자의 영향도 받았을 것이다. 그러나 위구르 문자에 대한 지식이 없어 훈민정음이 위구르 문자에서 어떤 영향을 받았는지를 알 수가 없다.

 위구르 문자는 위구르 제국(744~840)에서 만들어진 문자이다. 위구르 문자는 기존에 있던 소그드 문자의 흘림체를 참고하여 고안한 문자라 한다. 위구르 문자는 중국의 간쑤(감숙), 신장 지역에서 17세기까지 사용되었고, 둔황, 투르판 지역의 벽화와 문서, 그리고 많은 불교 문헌과 천문, 의학 등에 사용되었다. 위구르 문자는 파스파 문자에 많은 영향을 끼쳤다.

 무역이 발달한 고려 시대에 무역이 발달하면서 중앙아시

아의 위구르 사람들이 개성에 식당을 차려 영업을 하였고, 예배를 보는 모스크도 세웠다. 위구르 사람이 운영하는 식당이 쌍화점이다. 만두와 호빵을 쌍화라 하였다. 조선 시대에는 위구르 사람을 회회인(回回人)이라 불렀다. 조선 시대 《악장가사 (樂章歌詞)》에 자유로운 성문화를 풍자한 고려 가요인 《쌍화점(雙花店)》이 실려 있다.

종묘의 의식에 회회인이 축원한 내용이 세종 즉위년(1418) 9월 27일 세종실록에 실려 있다.

다음으로 스님 및 회회인(위구르인)들이 뜰에 들어와 송축하고 송축이 끝나면,

조선 시대 초까지 위구르 사람들과 빈번하게 교류했으므로 훈민정음이 위구르 문자를 모방하였을 것이지만 알 수 없다.

세자에게 나랏일을 맡기려고 하면서 훈민정음을 만들었을까?

세종실록에 세종대왕이 건강 때문에 세자에게 나랏일을 맡기려 한 기록이 많이 있다.

세종 19년(1437) 1월 3일 세종실록에, 세종대왕은 건강 문제로 나랏일을 세자에게 맡기려 하였으나 승지들이 반대하였다.

세종 20년(1438) 4월 28일 세종실록에, 세종대왕은 전부터 물을 자주 마시고 등에 부종을 앓은 지 2년이 되어 작은 일을 세자에게 맡기려 하였는데 황희 등이 반대하였다.

세종 20년 5월 27일 세종실록에, 세종대왕은 휴식과 요양을 하려고 세자에게 서무를 대결하게 하였으나 신인손 등이 눈물을 흘리며 반대하였다.

세종 21년(1439) 6월 21일 세종실록에, 세종대왕은 눈이 아파서 한 걸음 사이인데도 사람의 형태만 보여 세자에게 군사 훈련을 위임하려고 하였다.

세종 21년 7월 4일 세종실록에, 세종대왕이 군사 훈련을 친히 행하기 어려우니 세자가 군사 훈련을 하도록 하는 논의를 하였으나 영의정 황희 등이 반대하였다.

세종 25년(1443) 4월 17일 세종실록에, 몸이 불편하여 친히 교지를 지어 세자에게 임금을 대신하여 정사를 보도록 하였다.

세종대왕은 여러 차례 세자에게 나랏일을 맡기려고 할 만큼 건강이 좋지 않았으므로 오랫동안 훈민정음을 연구하기란 힘들었을 것이다.

오랫동안 눈병을 앓으면서
훈민정음을 만들었을까?

세종실록에 세종대왕이 오랫동안 눈병을 앓았다는 기록이 있다.

세종실록 세종 23년(1441) 2월 20일에, 세종대왕이 안질을 얻은 지 10여 년이 되었는데 신하들이 청하여 온천으로 눈병을 치료하러 갔다고 하였다. 세종대왕은 세종 10년(1428) 무렵부터 안질이 있었다고 볼 수 있다.

세종실록 세종 23년 4월 4일 세종실록에, 세종대왕은 두 눈이 흐릿하고 깔깔하며 아파 어두운 곳은 지팡이가 아니고는 걷기가 어렵다고 하였다.

세종실록 세종 24년(1442) 11월 12일 세종실록에, 세종대왕은 몸을 움직이거나 말을 하면 찌를 듯이 아파 며칠 동안 말을 안 하겠다고 하였다.

세종실록 세종 25(1443)년 1월 3일 세종실록에, 두 눈이 밝지 않고 오른쪽 손도 저리므로 온천욕을 하고 싶었으나, 두 번이나 온천욕을 하였어도 효력을 보지 못하였으므로, 온천욕을 그만두게 하였다.

세종대왕은 오랫동안 눈병을 앓으면서 훈민정음을 연구하기 힘들었을 것이다. 세종대왕은 인재를 중요하게 여기는 정치 철학을 가지고 있었으므로 유능한 인재에게 훈민정음을 만들게 하였을 것이다.

자주 경연에 참석하면서
훈민정음을 만들었을까?

　세종실록에 세종대왕이 자주 경연(經筵)에 참석한 기록이 있다. 경연은 임금이 공부하는 자리이다. 세종대왕은 경연에서 《대학》, 《중용》, 《논어》, 《맹자》, 《시경》, 《춘추》, 《상서(서경)》, 《주역》, 《자치통감》, 《자치통감강목》, 《송감(송나라 사서)》, 《명신언행록》, 《자치통감 속편》 등을 공부하였다. 그러나 소리글자인 산스크리트 문자나 파스파 문자를 공부한 기록은 없다.

　권연웅(1941~)이 지은 《경연과 임금 길들이기(2015, 지식산업사)》에 세종대왕이 경연에 참여한 횟수가 실려 있다. 세종 10년(1428)에 150회, 세종 11년에 165회, 세종 12년에 150회, 세종 13년에 75회, 세종 14년에 122회, 세종 15년에 102회, 세종 16년에 102회, 세종 17년부터 세종 18년까지 참석한 기록이 없고, 세종 19년에 47회, 세종 20년에 66회, 세종 21년에 26회 참석하였다.

　세종대왕은 자주 경연에 참석하고 나랏일까지 처리하느라 훈민정음을 연구할 시간이 없었을 것이다.

날마다 윤대를 하면서
훈민정음을 만들었을까?

　세종실록에 세종대왕이 날마다 윤대(輪對)를 행한 기록이 있다. 윤대는 문신은 4품 이상, 무신은 2품 이상의 신하를 부처별로 5명 이내로 불러 의견을 듣고 나랏일을 논의하는 자리를 말한다.

　세종대왕이 날마다 윤대를 행하게 한 내용이 세종실록 세종 7년(1425) 7월 4일에 실려 있다.

예조에서 계하기를,
"이번 수교(受敎, 임금이 내린 명령)에, 4품 이상은 날마다 윤대(輪對)하라" 하시었는데

　세종대왕은 날마다 윤대를 행하고 나랏일까지 처리하느라 훈민정음을 연구할 시간이 없었을 것이다.

날마다 상참의를 하면서 훈민정음을 만들었을까?

　세종실록에 세종대왕은 날마다 상참의(常參儀)를 행한 기록이 세종실록에 있다. 상참의는 첫 새벽에 종 6품 이상의 문무 관원이 임금에게 문안 인사를 하고 주요 업무를 보고하는 자리를 말한다. 날마다 상참의를 행하게 한 내용이 세종실록 세종 11년(1429) 4월 22일에 실려 있다.

예조에서 상참의를 계하기를,
날마다 이른 새벽에 담당 관리가 전하의 자리를 궁전의 북쪽 벽 아래에 설치하되, 한가운데에 남향하여 설치하고, 향안(좋은 상)을 자리 앞에 설치한다. 여러 관원의 배위(서있는 자리)는 궁궐 뜰에 설치하되,

　세종대왕은 날마다 이른 새벽에 신하들의 인사를 받고 중요한 일을 보고 받는 상참의를 행하였다. 그러면서 나랏일까지 처리하느라 훈민정음을 연구할 시간이 없었을 것이다.

왜 훈민정음이라 하였을까?

세종대왕은 새로 만든 우리 글자를 훈민정음(訓民正音)이라 하였다.

세조 5년(1459)에 편찬된 훈민정음 언해본에 훈민정음은 **"백성을 가르치는 정(올바른, 정확한, 바로잡는)한 소리"**라 하였다. 그리고 정음은 **"정음은 정한 소리니, 정히 반듯하게 옳게 쓰는 글일지니 이름하여 정음이라 하나니라"**하였다. 훈민(訓民)은 자식들이 부모를 잘 섬기도록 효를 가르치기 위해 만들어진 글자라는 뜻이고, 정음(正音)은 어떤 소리라도 바르게 적을 수 있는 소리글자라는 뜻이다. 부모를 잘 섬기도록 자식들에게 효를 가르치기 위해 만든 소리글자인 것이다.

세종 10년(1428)에 진주에서 벌어진, 김화(金禾)라는 자가 아버지를 죽인 사건으로 인해 훈민정음이 만들어졌다. 세종대왕은 훈민정음으로 자식들에게 효를 가르쳐 아들이 아버지를 죽이는 패륜이 일어나지 않도록 한 것이다.

왜 훈민정음은
여러 이름이 있을까?

우리글인 훈민정음은 여러 이름을 가지고 있다.

훈민정음은 세종대왕이 세종 25년(1443) 12월 30일 반포할 때부터 사용되었다. 훈민정음은 자식들에게 효를 가르치기 위해 만들어진 소리글자라는 뜻으로 세종대왕이 지은 이름이다.

언문(諺文)은 세종 25년(1443) 12월 30일 훈민정음을 반포하면서 훈민정음을 언문이라 하였다. 세종 28년(1446) 11월 8일에 언문청(諺文廳)을 설치하였다. 그리고 훈민정음으로 간행하는 책을 '언해본' 이라 하였다.

중국을 제외한 다른 나라의 문자를 언문이라 하였다. 역관 현의순이 **"일본에서 언문(諺文)을 가르치는데 그 이름이 가나이다"**라고 한 내용이 순조실록 순조 9년(1809) 12월 2일에 실려 있다. 일본의 문자인 가나를 언문이라 한 것이다. 이와는 달리 언문은 '상스러운 말, 속된 말, 속된 글자' 라는 뜻으로 사용되기도 하였다.

반절(反切)은 전체의 반을 뜻하는 말로 쉽다는 뜻으로 사용되는 이름이다. 최세진(1468~1542)이 중종 22년(1527)에 《훈몽자회》를 편찬하면서 반절을 사용하였다. 반절은 넘어질 북(踣)자를 읽도록 옆에 북녘 북(北) 자를 써 놓고 쉽게 북으로 읽게 하는 방법이다. 어려운 북(踣) 자에 비해 북(北)자는 반절인 것이다. 최세진은 한자에 훈민정음으로 소리와 뜻을 적어 놓으면 한자의 소리와 뜻을 쉽게 알 수 있으므로 최세진은 훈민정음을 반절이라 하였다.

국서(國書)는 서포 김만중(1637~1692)이 숙종 13년(1687)에 《서포만필》에서 나라의 글씨라는 뜻으로 훈민정음을 국서라 한 것이다. 김만중은 "우리말을 버리고 한문으로 시를 짓는다는 것은 마치 앵무새가 사람의 말을 따라 하는 것" 이라 하였다.

한글은 '세상에서 으뜸가는 글, 하나밖에 없는 글, 아주 크고 위대한 글, 한국의 글' 이라는 뜻으로 주시경(1876~1914)이 1910년 무렵에 지었다고 한다. 그러나, 서지학자 안춘근(1926~1993)은 《옛 책(1991, 대원사)》에서 민권운동에 앞장선 언론인이자 독립운동가인 묵암 이종일(1858~1925)이 한글이라는 이름을 지었다고 하였다. 이종일은 의암 손병희가 1910년 8월 15일에 창간한 천도교 기관지 〈천도교회월보〉의 책임을 맡아 누구나 읽기 쉽게 순 한글로 발행하였다. 조선어학회(한글학회)가 병인년(1926) 음력 9월 29일을 반포기념일로 정하고 '가갸날'이라 하였다. 그 후 1928년에 비로소 가갸날을 한글날로 고쳤다는 점으로 미루어 묵암 이종일이 한글이란 이름을 지었을 가능성이 큰 것이다.

더 알아보기 — 최세진

최세진은 중국어 통역관으로 일하면서 중국 관련 외교문서를 작성하거나 중국 사신을 접대하는 일을 하였다.

최세진은 풍부한 어휘를 사용하여 중국어 학습 교재인 《노걸대》와 《박통사》를 훈민정음으로 번역하여 국어 연구에 크게 이바지하였다. 중종 22년(1527)에 《훈몽자회》를 지어 한자에 훈민정음으로 소리와 뜻을 달고, 《훈몽자회》 범례에서 훈민정음의 자음과 모음의 이름을 붙이고 순서와 받침 등을 정리하는 등 국어 발전에 큰 업적을 남겼다.

《한국민속문화대백과사전》

왜 훈민정음 해설서까지
훈민정음이라 하였을까?

 세종대왕은 훈민정음을 해설한 책도 훈민정음이라 하였다. 훈민정음을 해설한 책을 훈민정음이라 한 까닭은 제목만 보고도 훈민정음을 해설한 책임을 알 수 있게 하기 위함이었다.

 훈민정음 해설서인 훈민정음해례본을 편찬한 내용이 세종 28년(1446) 9월 29일 세종실록에 실려 있다.

이달에 훈민정음이 이루어졌다(是月 訓民正音 成).

 세종실록에 실린 "시월 훈민정음 성(是月 訓民正音 成)"을 풀이하면 시월은 이달 9월을 뜻하고, 훈민정음(訓民正音)은 훈민정음을 해설한 책을 말하고, 성(成)은 편찬하여 완성하였다는 뜻이다. 이달 9월에 훈민정음해례본을 편찬하여 완성하였다는 뜻이다.

세종대왕은 문자와 설명서인 책을 모두 훈민정음이라 하였으므로 이를 구분하기 위해 편의상 문자는 훈민정음, 책은 훈민정음해례본이라 한 것이다.

세종어제란?

　세종어제(世宗御製)는 세종대왕이 친히 지은 글이다. 세종어제는 세종대왕이 친히 지은 글도 있지만, 대부분 집현전이나 예문관에서 세종대왕의 뜻을 받들어 짓고, 이를 세종대왕이 승인하면 세종어제가 되는 것이다.

　세종어제는 서문(序文)과 예의(例義)로 되어 있다. 서문은 훈민정음을 만든 취지와 의의를 밝힌 글이고, 예의는 간략하게 훈민정음을 해설한 글이다. 세종어제가 세종실록과 훈민정음해례본에 실려 있다.
　세종어제 서문이 세종 28년(1446) 9월 29일 세종실록에 실려 있다.

　국지어음(國之語音) 이호중국(異乎中國) 여문자(與文字) 불상유통(不相流通) 고(故) 우민(愚民) 유소욕언(有所欲言) 이종(而終)부득(不得) 신기정자(伸其情者) 다의(多矣) 여(予) 위차민연(爲此憫然) 신제(新制) 28자(二十八字) 욕사인이습(欲使人易習) 편어일용이(便於日用耳)

세종어제 서문은 한자로 53자이다. 이는 《화엄경》에서 선재 동자가 깨달음을 얻기 위해 만난 선지식 53명과 숫자가 같다. 세종어제 서문이 53자로 된 것은 신미대사가 기초하였기 때문일 것이다.

왜 세종어제 서문의 글자 수가 다를까?

세종실록과 훈민정음해례본에 있는 《세종어제》 서문의 글자 수가 다르다. 세종실록은 53자이고 《월인석보》와 훈민정음해례본은 54자이다.

세종 28년(1446) 9월 29일 세종실록에 세종어제 서문을 등재할 때는 처음 편찬된 훈민정음해례본 원문을 보고 53자로 실었을 것이다. 그러나 세조 5년(1459)에 《월인석보》를 편찬하면서 세종어제 서문 53자를 54자로 된 것이다.

국지어음(國之語音) 이호중국(異乎中國) 여문자(與文字) 불상유통(不相流通) 고(故) 우민(愚民) 유소욕언(有所欲言) 이종(而終) 부득(不得) 신기정자(伸其情者) 다의(多矣) 여(予) 위차민연(爲此憫然) 신제(新制) 28자(二十八字) <u>욕사인인이습(欲使人人易習)</u> 편어일용이(便於日用耳)

《월인석보》를 편찬하면서 세종어제 서문에 있는 '욕사인

이슙(欲使人易習)'을 '욕사인인이슙(欲使人人易習)'으로 실었기에 54자가 되었을 것이다.

간경도감 안동 분사인 광흥사에서 훈민정음해례본을 세조 10년(1464)에 간행하면서 《월인석보》에 실린 세종어제 서문을 보고 목판에 새겼으므로 54자가 되었을 것이다.

누가 세종어제훈민정음을
번역하였을까?

세종어제 서문을 훈민정음으로 번역한 것이 세종어제훈민정음이다. 세종어제훈민정음을 108자로 번역한 사람은 광흥사에서 간경도감을 주관하던 신미대사의 제자인 학조대사(1431~1514)일 것이다. 학조대사가 세조 5년(1459)에《월인석보》를 편찬하면서 세종어제 서문을 훈민정음으로 번역하여 실었을 것이다.

《월인석보》에 실려 있는 세종어제훈민정음 108자를 이해하기 쉽게 현대어로 고쳐 지었다.

어제(御製)에 이르기를,
우리 말이 중국 말과 달라서 한문으로는 자기 뜻을 나타내기 어려우므로, 어리석은 사람들은 하고 싶은 말이 있어도, 하고 싶은 말을 한문으로 쓰지 못하는 사람이 많다. 내가 이를 딱하게 여겨 새로 스물여덟 글자를 반포하니, 사람들은 배우고 익혀서 날마다 편히 쓰도록 하라.

세종어제 서문에 훈민정음을 반포한 이유와 취지가 있다.

① 우리 말과 중국 말은 서로 달라서 한문으로 우리말을 표현하기 어렵다.
② 한자가 어려워서 백성들은 배울 수가 없다.
③ 백성들은 하고 싶은 말이 있을지라도 한문으로 나타낼 수가 없다.
④ 백성들은 반포한 훈민정음 28자를 익혀서 날마다 편히 쓰도록 하라.

> 더 알아보기 **백팔번뇌**

중생은 108가지의 근심이 있다는 뜻으로 백팔번뇌라 한 것이다. 이는 불교의 인식체계 108가지가 108번뇌로 의미 변화를 한 것이다.

사람들은 감각기관인 눈, 코, 귀, 혀, 몸으로 대상을 인식한다. 대상을 인식하는 5개의 감각기관이 전5식(前五識)이다. 전5식이 인식한 것을 알아채는 알음알이가 의식(意識)이다. 그래서 의식은 전5식 다음으로 제6식(六識)인 것이다. 제6식까지는 주체적인 인식 기관이다. 주체적인 6개의 인식 기관이 각각 6개의 대상을 인식한다. 즉 눈은 색깔, 코는 냄새, 귀는 소리, 혀는 맛, 몸은 촉감, 의식은 생각을 인식 대상으로 하는 것이다.

주체적인 인식 기관 6개와 인식하는 대상 6개는 끊임없이 상호 작용하므로 6×6=36가지의 인식 작용이 생긴다. 36개의 인식 작용은 과거, 현재, 미래에 따라서 상호 작용을 인식하므로 36×3=108가지의 인식 작용이 생기게 된다. 그래서 108가지의 인식 작용이 만들어진 것이다.

인식 작용은 끊임없이 생겨나고 머무르고 변하고 사라지기를 반복하게 된다. 중생은 끊임없이 변하는 인식 작용인 줄 모르고, 자기가 좋아하는 것에 집착하게 된다. 108가지의 인식 작용을 108가지의 번뇌로 이끄는 것이 집착인 것이다.

세종대왕은 안질을 치료하기 위해 청주 초수로 행차하였을까?

대신들이 온천욕을 간청하였을 때 세종대왕이 거부한 내용이 세종 25년(1443) 1월 10일 세종실록에 실려 있다.

신개 등이 임금께 온천에 거둥하기를 심히 간청하니, 임금이 말하기를,

"나의 안질이 이제 이르러 점점 심해 가는데, 대신들이 나에게 온천 목욕을 가라고 청하는 것은 왕년에 조금 효험이 있었던 때문이나, 내 온천 목욕을 세 번이나 하였어도 별로 신통한 효과가 없었소. 만일 그것이 효험이 있다면 경 등이 청하기 전에 갈 것이지만, 여러 번 온천엘 갔어도 한 번도 효험을 보지 못했으니 마음에 심히 부끄럽소. 나의 병은 하늘이 준 것이니 온천이 어찌 능히 내 병을 고치겠소. 항상 생각하기를, 앞으로는 성문 밖을 나가지 아니하여 남에게 속는 것을 피하고 천명을 기다리려 하오."

그러나 세종대왕은 청주에 초수가 있다는 보고를 받자마자 행차를 위하여 행궁을 세우게 한 내용이 세종 26년(1444) 1월 27일 세종실록에 실려 있다.

어떤 사람이 와서 아뢰기를,
"청주에 물맛이 호초(후추) 맛과 같은 것이 있어 이름하기를 초수라 하는데, 모든 질병을 고칠 수 있고, 목천현과 전의현에도 또한 이러한 물이 있습니다." 하니,
임금이 이를 듣고 장차 거둥하여 안질을 치료하고자 내섬시윤 김흔지를 보내어 행궁을 세우게 하고, 이 물을 얻어 가지고 와서 아뢴 자에게 목면(무명) 10필을 하사하였다.

세종대왕은 세종 26년 2월 20일에 최만리의 상소를 처리하고 곧바로 청주 초수로 행차하였다. 세종대왕이 청주 초수로 행차한 내용이 세종실록 세종 26년 2월 28일에 실려 있다.

임금과 왕비가 청주 초수리(초정약수)**에 거둥하니, 세자가 임금을 모시고 따라갔다.**

세종대왕은 경복궁을 출발하여 양지현 남평, 죽산현 천민

천, 진천현 북평천을 거쳐 3월 2일에 도착하여 5월 2일까지 2달간 머물렀다. 그해 가을에 다시 와서 2달간 더 머물렀다.

　세종대왕은 대개 온천에 20일 정도 머물렀지만, 온천욕을 하기에 힘든 찬물임에도 불구하고 청주 초수에서 2달 동안 머물렀다. 오랫동안 청주 초수에 머문 것은 보은 속리산 복천사에 사는 신미대사 때문일 것이다.

세종대왕은 훈민정음해례본을
간행하였을까?

　세종대왕 재임 기간에 훈민정음을 만들고 반포하여 시행하였다. 훈민정음해례본까지 편찬하여 훈민정음을 마무리하였다.

　훈민정음해례본 편찬은 세종 28년(1446) 9월 상한에 이루어지고, 세종실록에는 20일 뒤인 9월 29일에 등재가 되었다. 훈민정음을 반포한 후 2년 8개월 동안 훈민정음해례를 집필하고 세종어제와 정인지 서문을 모아 훈민정음해례본을 편찬한 것이다.

　세종실록에 실린 '세종 28년 9월 29일'은 훈민정음해례본을 편찬하였다는 기록이지 간행하였다는 기록이 아니다. 왜냐하면 세종 28년 9월 상한에 편찬한 훈민정음해례본을 20일 만에 목판본으로 간행할 수 없기 때문이다.

　세종대왕은 훈민정음을 꽃피우고 완성하였지만 끝내 훈민정음해례본을 간행하지 못하였다.

정의공주와 훈민정음

훈민정음은 글꼴이 간단하고 배우기 쉬우므로 쉽게 만들 수 있었다고 생각하는 사람들이 많아 훈민정음은 문살을 보고 만들었다거나 뒷간에서 만들었다는 이야기가 퍼져 있었다. 그러나 훈민정음해례본이 발견되어 공개되고 나서는 이런 이야기가 사라졌다.

세종대왕의 둘째 딸인 정의공주(1415~1477)가 훈민정음을 만들었다는 이야기가 있다. 세종 10년(1428)에 관찰사 안망지의 아들 안맹담(1415~1462)과 14살에 결혼하여 4남 2녀를 두었다. 아이를 낳아 키우고 살림까지 하면서 오랫동안 훈민정음을 연구할 수도 없었고 산스크리트 문자나 파스파 문자를 몰라 소리글자로 훈민정음을 만들 능력도 없었다.

죽산 안씨 대동보에 따르면 정의공주가 훈민정음을 만들었다는 것이다. 세종대왕이 훈민정음을 창제할 때에 변음(變音)과 토착(吐着)이 잘 풀리지 않아 여러 대군과 정의공주에게 풀어보도록 하였다는 것이다. 정의공주가 변음과 토착을 풀었다는 것이다. 세종대왕은 정의공주를 칭찬하고 상으로 노비를 주었다고 하였다. 정의공주는 글을 모르는 백성에게 훈민정음을 실험하고 그 결과를 세종대왕에게 보고하였다는 것이다.
이는 정의공주의 총명함을 드러내기 위해 지은 이야기인 것이다.

더 알아보기 — 변음과 토착

한문학자이자 국문학자인 이가원(1917~2000)은 변음과 토착을 풀이하여 변음(變音)은 소리가 바뀜에 따른 문자 제정이나 변동의 문제이고, 토착(吐着)은 조사나 어미가 붙으면서 생기는 음의 변화나 그에 따른 문자 표기의 문제라고 설명하였다.
세종국어문화원장 김슬옹(1962~현재)은 이가원 교수가 말하는 변음과 토착을 이해하기 쉽게 예를 들어 설명하였다. 예를 들 '몸'이라는 단어에서 첫소리 'ㅁ'과 끝소리 'ㅁ'의 발음이 다른데 이를 같은 문자로 만들 것인지에 관한 문제이다. '몸'에 조사 '이'가 붙으면 '모미'로 발음되는데 끝소리가 다시 첫소리로 오는 현상을 어떻게 반영하여 문자를 만드느냐가 '변음과 토착'이라고 설명하였다.

訓民正音

2장

집현전 학자가
훈민정음을 만들었을까?

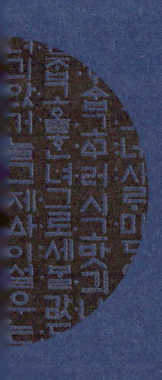

집현전 학자가
훈민정음을 만들었다는 학자는?

집현전 학자가 훈민정음을 만들었다고 여러 학자가 주장하였다.

성현(1439~1504)은 《용재총화》 제7권에서 세종대왕이 언문청을 세워 신숙주, 성삼문 등에게 훈민정음을 만들게 하였다고 하였다. 그러나 훈민정음을 반포한 후인 세종 28년(1446) 11월 8일에 언문청을 설치하였다.

주시경(1876~1914)은 1906년에 간행한 《대한국어문법》에서 집현전 학자들이 훈민정음 발명을 도왔다고 하였다.

심재기(1938~현재)는 《한국 사람의 말과 글(1985, 지학사)》에서 문종을 비롯한 여러 대군과 젊고 유능한 최항, 박팽년, 신숙주, 이선로, 이개, 성삼문 등이 세종대왕의 명을 받아 훈민정음의 기초 연구를 하였다고 하였다.

허웅(1918~2004)은 《한글과 민족문화(1974, 세종대왕기념사업회)》에서 세종대왕이 골똘히 연구하고, 정인지, 성삼문, 최항, 신숙주, 박팽년, 강희안, 이개, 이선로 등이 밤낮으로 연구하여 훈민정음을 완성하였다고 하였다. 세종대왕은 훈민정음을 연구하느라 병이 나서 청주 초수로 행차하여 치료하였다고 하였다.

박영준, 시정곤, 정주리, 최경봉 등은 《우리말의 수수께끼(2002, 김영사)》에서 집현전 학자 중에는 훈민정음 발명에 참여한 학자와 참여하지 않은 학자가 있었다고 하였다. 참여한 학자로는 정인지, 신숙주, 성삼문, 박팽년, 이선로(현로), 이개, 강희안 등이라 하였다.

손보기(1922~2010)는 《세종대왕과 집현전(1984, 세종대왕기념사업회)》에서, 집현전에서 양성된 학자들이 훈민정음 발명에 공헌하였다고 하였다.

집현전 학자가
훈민정음을 만들지 않았다는 학자는?

　방종현(1905~1952)은《훈민정음통사(1948, 일성당)》에서 집현전 학자들은 훈민정음 발명에 참여하지 않았다고 하였다.

　이기문(1930~1920)은《국어사개설(2006, 태학사)》에서 집현전 학자들의 도움 없이 세종대왕께서 훈민정음을 발명하였다고 하였다. 세종대왕은 국어와 중국어 전반에 걸쳐 음운학 및 언어학에 깊은 조예와 지식을 보여주었기 때문이라 하였다.

　여증동(1933~현재)은 훈민정음 발명에 집현전 학자들이 도왔다는 것은 세종대왕께서 무덤에서조차 통탄할 일이라 하였다. 여증동은 세종대왕께서 훈민정음을 만들었다고 하였다.

왜 세종대왕은
집현전 설치를 재촉하였을까?

세종대왕이 집현전 설치를 재촉한 것은 나라에 부족한 인재를 양성하기 위해서였다. 나라에 인재가 부족했던 원인은 태조 이성계가 개국할 때 많은 인재가 죽임을 당했거나 고향으로 돌아갔고, 태종이 등극할 때에도 많은 인재가 죽임을 당했기 때문이다.

세종대왕(1397~1450)이 집현전 설치를 재촉한 내용이 세종 1년(1419) 12월 12일 세종실록에 실려 있다.

일찍이 집현전을 설치하려는 의논이 있었는데, 어찌하여 다시 아뢰지 않는가? 젊은 나이에 과거 급제한 유사 10여 인을 뽑아 날마다 모여서 강론하게 하라.

집현전 설치 목적과 조직, 그리고 집현전에서 한 일을 살펴보면 집현전 학자가 훈민정음을 만들었는지를 알 수 있다.

언제 집현전을
설치하였을까?

집현전을 설치한 내용이 세종실록 세종 2년(1420) 3월 16일에 실려 있다.

집현전에 새로 영전사 두 사람을 정1품으로, 대제학 두 사람을 정2품으로, 제학 두 사람을 종2품으로 두되, 이상은 겸직이요, 부제학은 정3품, 직제학은 종3품, 직전은 정4품, 응교는 종4품, 교리는 정5품, 부교리는 종5품, 수찬은 정6품, 부수찬은 종6품, 박사는 정7품, 저작은 정8품, 정자는 정9품으로, 이상은 녹관으로 하며, 모두 경연관을 겸임하였다. 부제학 이하의 낭청은 10명을 두되, 품에 따라서 임명하고, 차례대로 가리어 전임하며, 각 품에서 두 사람을 초과하지 아니하였다. 5, 6품은 부검토를 겸임하였다. 각 품의 차례는 다 본 품반의 머리로 하였다. 제학과 부학의 서열은 사간의 위로 정하였다. 박은·이원으로 영전사에, 유관·변계량을 대제학에, 탁신·이수를 제학에, 신장·김자를 직제학에, 어변갑·김상직을 응교에, 설순·유상지를 교리에, 유효통·

안지를 수찬에, 김돈·최만리를 박사에 임명하였다. 처음에 고려의 제도에 의하여 수문전·집현전·보문각의 대제학과 제학은 2품 이상으로 임명하고, 직제학·직전·직각은 3, 4품으로 임명하였으나, 그러나, 관청도 없고 직무도 없이 오직 문신으로 관직을 주었을 뿐이었는데, 지금에 이르러 모두 폐지하고, 다만 집현전만 남겨 두어 관사를 궁중에 두고, 문관 가운데서 재주와 행실이 있고, 나이 젊은 사람을 택하여 이에 채워서, 오로지 경전과 역사의 강론을 일삼고 임금의 자문에 대비하였다.

세종대왕은 재능과 행실이 뛰어나고 우수한 성적으로 과거에 급제한 젊은 인물을 집현전 학자로 뽑고 출퇴근하기 편하도록 궁궐 내에 집현전을 설치하였다. 그리고, 세종실록 세종 2년 3월 17일을 보면 집현전 학자들이 연구에 전념할 수 있도록 집현전에 노비를 두었다.

집현전의 목적과 조직은 훈민정음과 관계 있을까?

집현전의 목적과 조직을 보면 훈민정음을 연구하였는지 알 수 있을 것이다. 집현전의 설치할 때는 훈민정음을 만들 필요성을 논의조차 하지 않던 시기라서 집현전에서 훈민정음을 연구할 계획이 없었다.

집현전의 목적은 경연(經筵)과 서연(書筵)을 담당하고, 임금의 자문에 응하며, 성리학과 중국 제도를 연구하여 정책자료를 만들고, 각종 책을 펴내거나 번역하는 일이었다. 때로는 우수한 학자들은 과거 시험관으로 참여하기도 하고, 역사 기록과 외교 문서를 작성하는 일도 담당하였다.

집현전 조직은 영전사, 대제학, 제학은 겸직이고 부제학을 중심으로 직제학, 직전, 응교, 교리, 부교리, 수찬, 부수찬, 박사, 저작, 정자로 구성하였다. 집현전의 조직은 유지되었으나 인원은 상황에 따라 변동이 있었다.

세종 2년(1420)의 집현전 직제와 업무

직책	품계	정원	이름	경연 업무	비고
영전사	정1품	2	박은, 이원		겸직
대제학	정2품	2	유관, 변계량		겸직
제학	종2품	2	탁신, 이수		겸직
부제학	정3품	1		시강관	
직제학	종3품	1	신장, 김자	시독관	
직전	정4품	1		검토관	
응교	종4품	1	어변갑, 김상직	검토관	
교리	정5품	1	설순, 유상지	부검토관	
부교리	종5품	1		부검토관	
수찬	정6품	1	유효통, 안지	부검토관	
부수찬	종6품	1		부검토관	
박사	정7품	1	김돈, 최만리	사경	
저작	정8품	1		사경	
정자	정9품	1		사경	

더 알아보기 — 경연과 서연

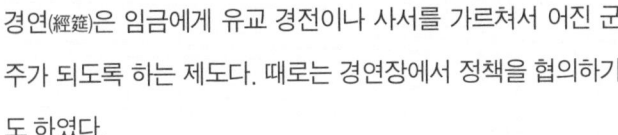

경연(經筵)은 임금에게 유교 경전이나 사서를 가르쳐서 어진 군주가 되도록 하는 제도다. 때로는 경연장에서 정책을 협의하기도 하였다.

임금이 경연에서 공부하는 방법은 서당과 비슷하였다. 임금이 전에 배운 내용을 읽고 복습한 후에 신하가 새로 배울 내용을 읽으면 따라 읽었다. 그리고 신하가 새로 배운 내용을 설명하고 임금이 이해할 수 있게 문답과 토론을 하였다.

경연 장소는 왕의 집무실을 이용하였다. 겨울에는 난방이 잘되는 작은 방을 이용하고 여름에는 마루가 있는 대청을 이용하였다. 승지는 임금에게 경연의 시행 여부를 묻고 매일 게시판에 적어서 알렸다. 아침 경연은 동이 틀 무렵에 시작하였다.

서연(書筵)은 세자를 가르치는 제도다. 서연 담당관이 세자에게 유교 경전 등을 강의하고 문답과 토론을 통하여 성리학적 소양을 쌓아 장차 훌륭한 왕이 될 수 있도록 가르쳤다.

집현전에서 펴낸 책과 훈민정음은 관계 있을까?

집현전에서 펴낸 책을 보면 훈민정음을 연구하였는지 알 수 있을 것이다. 집현전에서는 훈민정음을 연구하지 않았기에 훈민정음으로 된 책을 많이 펴내지 않고 주로 한문으로 된 책을 펴낸 것이다.

집현전에서 펴낸 책

책 이름	편찬연도	편찬자
효행록	세종 10년 (1428)	설순
농사직설	세종 11년 (1429)	정초, 변호문
태종실록	세종 13년 (1431)	황희, 맹사성, 윤회, 신장
삼강행실	세종 14년 (1432)	설순
신팔도지리지	세종 14년 (1432)	맹사성, 권진, 윤회, 신장
향약집성방	세종 15년 (1433)	유효통, 노중례, 박윤덕
자치통감훈의	세종 16년 (1434)	윤회, 권도, 설순 등
장감박의소재제장사실	세종 19년 (1437)	남수문
한유문주석	세종 20년 (1438)	최만리, 김빈, 이영서, 조수
신주무원록	세종 22년 (1440)	최치운

명황계감	세종 23년 (1441)	이선, 최항, 박팽년, 이개
사륜요집	세종 24년 (1442)	정인지
고금운회거요	세종 26년 (1444)	최항, 박팽년, 신숙주, 이선로
오례의주	세종 26년 (1444)	허조, 정척, 변호문 등
칠정산내외편	세종 26년 (1444)	이순지, 김담
치평요람	세종 27년 (1445)	정인지, 김문, 이계전, 정창손
용비어천가	세종 27년 (1445)	정인지, 안제, 권제
용비어천가주해	세종 27년 (1445)	성삼문, 박팽년, 이개
의방유취	세종 27년 (1445)	김문, 신석조, 노중례 등
동국정운	세종 29년 (1447)	신숙주, 최항, 박팽년 등
사서언해	세종 30년 (1448)	김종서, 정인지, 정창손 등
고려사	세종 31년 (1449)	김문 등
역대병요	세종 32년 (1450)	정인지, 유효통, 이석형 등

집현전에서 주로 한문으로 편찬한 역사서, 운서(韻書, 한자의 운을 분류하여 일정한 순서로 배열한 책), 농업, 의술, 군사, 법률, 천문학, 의례, 유교 경서 등을 간행하였다.

왜 집현전 학자들이
훈민정음 반포를 반대하였을까?

 집현전에서 훈민정음을 연구하였다면 집현전 학자들이 훈민정음 반포를 반대하여 상소하지 않았을 것이다.
 훈민정음을 반포하고 50일 만에 집현전 부제학 최만리 등이 올린 훈민정음 반대 상소가 세종 26년(1444) 2월 20일 세종실록에 실려 있다.

 집현전 부제학 최만리 등이 상소하기를,
 "신 등이 엎디어 보옵건대, 언문을 제작하신 것이 지극히 신묘하와 만물을 창조하시고 지혜를 운전하심이 천고에 뛰어나시오나, 신 등의 구구한 좁은 소견으로는 오히려 의심되는 것이 있사와 감히 간곡한 정성을 펴서 삼가 뒤에 열거하오니 엎디어 전하께서 살펴보시옵기를 바랍니다."

 부제학 최만리가 상소에서 밝힌 훈민정음 반포를 반대하는 이유이다.
 ① 중국을 섬기면서 훈민정음을 쓰는 일은 부끄러운 일이

다. 오랑캐인 몽고, 서하, 여진, 일본, 서번(티베트) 등에서만 자기 나라 문자를 쓰므로 조선도 훈민정음을 사용하면 스스로 오랑캐가 되는 것이다.

② 훈민정음은 야비하고 상스러우며 이익이 없고 쉽기만 할 뿐 하나의 기예에 불과하므로 이두보다 못한 글자다.

③ 백성들이 훈민정음을 사용하면 억울한 형벌을 당하지 않을 것이라고 하였으나 중국에서도 억울한 옥살이는 흔한 일이다. 억울한 옥살이는 관리의 자질에 따른 것이지 어려운 한문 때문이 아니다. 조선에서도 한문을 잘 알고 잘못이 없어도 억울함을 당한 일이 많으니 굳이 훈민정음을 사용할 이유가 없다.

④ 백성들이 훈민정음을 배우게 되면 공부하는 풍속이 바뀌게 된다. 훈민정음 반포는 정부의 관료들과 충분히 의논하고, 심사숙고하여 모두가 옳다고 할 때 반포해야 하는데 절차를 밟지 않고 서둘러 반포하였다.

⑤ 세자(문종)가 성리학을 익히는 시기에 훈민정음에 매달려서 세월을 허비하는 것은 유익함이 없고 옳지 못한 일이다.

⑥ 백성들이 훈민정음을 배우면 성리학을 멀리하여 옳고 그름을 모르게 될 것이다.

더 알아보기 — 최만리

세조실록 세조 13년(1467) 7월 11일에 따르면 최만리는 작은 잘못이 하나라도 있으면 반드시 지적하여 말하는 사람이라 하였다. 최만리는 청렴 근검하여 청백리에 선정되었다.

최만리는 고려 학자 최충의 후손으로 세종 1년(1419)에 과거에 급제하고, 세종 2년(1420) 3월에 집현전이 설치되면서 박사가 되었다. 세종 8년(1426)에 집현전 교리, 세종 9년(1427)에 집현전 응교, 세종 18년(1436)에 집현전 직제학, 세종 20년(1438)에 집현전 부제학이 되고, 세종 21년(1439)에 강원도관찰사로 갔다가 세종 22년(1440)에 집현전 부제학으로 돌아와 세종 26년(1444)에 집현전 부제학으로 퇴직하였다.

최만리는 불교를 배척하는 상소 6회, 동궁의 서무를 담당하는 첨사원 설치를 반대하는 상소 3회, 일본과의 교역이 잘못되었음을 지적한 상소, 진사시에서 출제가 잘못되었음을 지적한 상소 등 14차례의 상소를 올렸다.

한국학중앙연구원의 《한국민족문화대백과사전》

훈민정음 반포를 반대한 집현전 학자들은?

부제학 최만리의 상소에 실린 훈민정음 반포에 반대한 집현전 학자들은 부제학 최만리, 직제학 신석조, 직전 김문, 응교 정창손, 부교리 하위지, 부수찬 송처검, 저작랑 조근 등이다.

집현전 학자들의 훈민정음 반포에 대한 찬반 의견은 아래 표와 같다.

집현전 학자의 훈민정음 반포에 대한 찬반

성 명	찬반	생몰연대	직위	당시 나이	집현전 임용과 직위	과거 급제
최만리	반대	1393~1445	부제학	51	1420(박사)	세종 1년(1419)
신석조	반대	1407~1459	직제학	37	1426(저작)	세종 8년(1426)
김 문	반대	?~1448	직 전	?	1435(수찬)	세종 2년(1420)
정창손	반대	1402~1487	응 교	42	1420(저작)	세종 8년(1426)
최 항	찬성	1409~1474	교 리	35	1434(부수찬)	세종 16년(1434)
박팽년	찬성	1417~1456	부교리	27	1435(정자)	세종 16년(1434)
하위지	반대	1412~1456	부교리	32	1438(부수찬)	세종 16년(1434)
이석형	찬성	1415~1477	부교리	29	1442(부교리)	세종 23년(1441)

신숙주	찬성	1417~1475	부수찬	27	1441(부수찬)	세종 21년(1439)
이개	찬성	1417~1456	부수찬	27	1441(저작)	세종 18년(1436)
송처검	반대	?~?	부수찬	?	1435(정자)	세종 16년(1434)
조근	반대	1417~1475	저작	27	1441(저작)	세종 23년(1441)

 신석조(1407~1459)는 글씨를 잘 썼다. 세종 8년(1426)에 급제하여 집현전 저작랑, 직제학, 부제학 등을 거쳐 이조참판, 대사헌, 중추원사, 경기도 관찰사, 한성부윤, 개성유수를 역임하였다.

 김문(?~1448)은 주자학과 역사학에 밝았다. 세종 2년(1420)에 급제하여 1435년에 집현전 수찬, 이듬해 집현전 부교리, 이듬해 집현전 직제학으로 승진하였다. 세종 30년(1448)에 《논어》,《맹자》,《대학》,《중용》의 번역을 주관하다 중풍으로 갑자기 죽었다.

 정창손(1402~1487)은 문장과 글씨에 능했다. 세종 8년(1426)에 급제하여 집현전의 저작랑과 교리를 역임하면서《통감훈》의 편찬에 참여하였다. 훈민정음 반포를 반대할 때 말을 잘못하여 파직되었으나 그해에 집현전 응교로 복직되고 1445년에 집현전 부제학이 되었다. 문종이 즉위하고 우부승지를 거쳐 제학, 대제학, 병조판서를 지냈다.

사위인 김질이 집현전 학자들과 단종 복위를 모의하다 여의치 않자 장인인 정창손에게 폭로하였다. 이를 세조대왕에게 알린 공으로 부원군에 봉해졌고, 그 후 대사성, 대제학, 우의정, 영의정을 역임하였다.

연산군 10년(1504) 갑자사화 때에 연산군의 생모를 폐출하는 논의에 참여한 죄로 부관참시 되었다. 중종 1년(1506)에 풀려서 철거한 석물을 다시 세우고 장례를 치렀다.

하위지(1412~1456)는 사육신의 한사람이다. 세종 17년(1435) 생원을 거쳐 1438년 식년문과에 장원하였다. 사가독서(賜暇讀書)를 하고 1444년 집현전 교리가 되었다. 문종 1년(1451) 집현전 직전에 임용되었으며, 단종 2년(1454)에 부제학 예조참의를 거쳐 이듬해 예조참판에 올랐다. 1456년 단종 복위를 꾀하다가 실패하여 사형당하였다. 세조를 보필하는 동안 국록을 손대지 않고 고스란히 따로 저장해 둔 일화는 유명하다.

송처검(?~1459)은 세종 16년(1434)에 급제하였다. 집현전 정자를 시작으로 집현전 수찬을 역임하였다. 1450년 문종이 왕위에 오른 후 사간원 헌납으로 임명되어 관리의 비리를 적발하여 탄핵하는 일을 하였다. 성균관 대사성, 중추원 첨지사 등을 역임하였다.

조근(1417~1475)은 문장이 뛰어나고 해서를 잘 써서 외교 문서를 많이 작성하였다. 1441년에 급제하여 집현전 정자와 저작, 박사 등을 역임하였다. 1464년 첨지중추원사, 1465년 예조참의, 1466년 하정사로서 명나라에 다녀와 형조참의가 되었고, 1467년 사은사로 명나라에 다녀왔다. 1468년 강원도 관찰사로 굶주린 백성을 구하는 데 공로를 세웠다. 첨지중추원사, 전주부윤 등을 지냈다.

《한국민속문화대백과사전》

집현전 학자들이 훈민정음 반포를 반대하고 받은 벌은?

 집현전 학자들은 훈민정음 반포를 반대하고 대부분 벌을 받지 않았다. 그러나, 직전 김문은 임금을 속인 죄로, 응교 정창손은 삼강행실을 백성들에게 가르칠 필요가 없다는 뜻으로 말을 하여 가벼운 처벌을 받았다.

 훈민정음 반포를 반대한 집현전 학자들을 벌한 내용이 세종 26년(1444) 2월 20일 세종실록에 실려 있다.

 임금이 또 하교하기를,
 "내가 너희들을 부른 것은 처음부터 죄주려 한 것이 아니고, 다만 소(상소문) 안에 한두 말을 물으려 하였던 것인데, 너희들이 사리를 돌아보지 않고 말을 바꿔서 대답하니, 너희들의 죄는 벗기 어렵다."하고,
 드디어 부제학 최만리·직제학 신석조·직전 김문, 응교 정창손·부교리 하위지·부수찬 송처검, 저작랑 조근을 의금부에 내렸다가 이튿날 석방하라 명하였는데, 오직 정창손만은 파직시키고, 인하여 의금부에 전지하기를,

"김문이 앞뒤에 말을 바꿔서 계달한 사유를 국문하여 아뢰라."하였다.

의금부에서 직전 김문의 죄를 조사한 내용이 세종 26년 2월 21일 세종실록에 실려 있다.

의금부에서 조사하여 아뢰기를,
"김문은 율(律)이 대제상서사불이실(對制上書詐不以實)에 해당하오니, 장(杖) 1백 대에 도(徒) 3년을 처하소서."
하니, 다만 장(杖) 1백 대를 속(贖)바치게 하였다.

직전 김문은 임금을 속인 죄로 곤장 100대와 도 3년의 처벌을 받았다. 도 3년은 3년간 일하면서 징역을 사는 형벌이다. 그러나 직전 김문에게 곤장 100대에 해당하는 벌금만 물도록 하였다.

더 알아보기 — 임금을 속인 죄

임금을 속인 죄는 대제상서사불이실(對制上書詐不以實)이다. 대제(對制), 상서(上書), 사불이실(詐不以實)에 거짓이 있으면 임금을 속인 죄가 되는 것이다.

대제(對制)는 임금이 제도에 관해 신하에게 물었을 때, 의견을 말하거나 문서로 제출하는 것을 말한다. 이를 신하가 거짓으로 대답하거나 허위로 문서를 작성하여 제출하면 대제의 벌을 받게 된다.

상서(上書)는 임금에게 건의하거나 청원하거나 진정하는 문서를 말한다. 거짓으로 문서를 작성하여 임금에게 올리면 상서의 벌을 받는다.

사불이실(詐不以實)은 주사(奏事)라고도 하였다. 주사는 임금만 보도록 문서를 밀봉하거나 임금과 마주하여 진술하는 것을 말한다. 임금만 보도록 밀봉한 문서를 거짓으로 작성하거나 임금과 마주하여 거짓으로 진술하면 주사의 벌을 받는다.

임금을 속인 죄에 해당하면 곤장 100대를 맞고, 3년 동안 일하면서 징역을 사는 도(徒)라는 벌을 받았다. 그리고 비밀이 아닌 일을 비밀이라고 하면 가중 처벌을 받았다.

집현전 학자들은
훈민정음을 만들 수 있었을까?

 송기중(1942~현재)은 새 문자를 만드는 과정에 필연적으로 먼저 만들어진 문자의 영향을 받아 만들었다는 공통점이 있다고 하였다. 따라서 훈민정음도 조선에 전해진 한자, 인도의 산스크리트 문자, 몽골의 파스파 문자의 영향을 받아 만들었다고 볼 수 있다.

 세종대왕이 집현전 부제학 최만리에게 '네가 운서(韻書)를 아느냐' 고 한 내용이 세종 26년(1444) 2월 20일 세종실록에 실려 있다.

 "네가 운서를 아느냐? 사성 칠음에 자음과 모음이 몇이나 있느냐? 만일 내가 그 운서를 바로 잡지 아니하면 누가 이를 바로잡을 것이냐."

 세종대왕이 집현전 부제학 최만리에게 네가 운서를 아느냐고 반문한 것은 집현전 학자들이 중국의 운서를 몰랐다는 뜻이다.

 설령 집현전 학자들이 한문과 운서에 능통하여 우리 문자를 만들었다고 하더라도 소리글자로 만들지 못하고 일본 문자처럼 뜻글자로 만들었을 것이다.

정인지 서문에 나오는 학자들이 훈민정음을 만들었을까?

정인지 서문이 세종 28년(1446) 9월 29일 세종실록에 실려 있다. 정인지 서문에 나오는 정인지, 최항, 박팽년, 신숙주, 성삼문, 이개, 이선로, 강희안 등이 훈민정음을 만들었다고 주장하는 학자들이 있다.

그러나 최항, 박팽년, 신숙주, 성삼문, 강희안, 이개, 이선로 등은 훈민정음 연구가 시작된 계기인 김화 사건이 일어난 세종 10년(1428)에 과거 급제를 못 하였다. 집현전 부제학인 정인지는 여러 관직을 옮겨다녔고, 부친상으로 사직한 적이 있으며, 여러 책을 편찬하느라 훈민정음을 연구할 시간이 없었다. 더군다나 정인지는 한문에는 능통하였으나 소리글자를 몰랐으므로 훈민정음을 만들 능력을 갖추지 못하였다.

따라서 정인지 서문에 있는 학자들은 훈민정음을 만들지 않은 것이다.

정인지 서문에 나오는 학자들의 세종 10년(1428) 과거 급제 여부

성 명	급제 여부	직책(세종 10년)	나이	생몰 연대	과거 급제 연도
정인지	○	집현전 부제학	33	1396~1478	태종 14년(1414)
최 항	×	없음	19	1409~1474	세종 16년(1434)
박팽년	×	없음	12	1417~1456	세종 16년(1434)
신숙주	×	없음	12	1417~1475	세종 21년(1439)
성삼문	×	없음	11	1418~1456	세종 21년(1439)
강희안	×	없음	12	1417~1464	세종 23년(1441)
이 개	×	없음	12	1417~1456	세종 18년(1436)
이선로	×	없음	12	1417~1453	세종 23년(1441)

정인지는 세종 10년(1428)에 집현전 부제학이었다. 세종 13년(1430)에 우군통지총제, 세종 14년(1431)에 대통력을 개정하고 칠정산내편을 지었다. 세종 15년(1432) 예문관 제학 겸 동지춘추관사를 거쳐 세종 16년(1433) 2월 인수부윤, 6월에 예문관 제학이 되었다. 세종 17년(1434) 4월 이조 좌참판, 그해 10월 예문관 제학을 지냈다. 세종 18년(1435) 충청도관찰출척사, 세종 19년(1436) 9월 부친상으로 사직하였다. 세종 21년(1439)에 춘추관 제학, 집현전 제학, 형조참판을 거쳐 세종 22년(1440) 자헌대부로 승진, 그해 5월 형조판서가 되었다. 세

종 22년(1440) 11월 지중추원사를 거쳐 사은사로 명나라에 다녀왔다. 세종 24년(1442)에 예문관 대제학으로《사륜요집》을 편찬하였다.

더 알아보기 — 정인지 서문에 나오는 학자들

최항(1409~1474)은 세종 16년(1434)에 장원 급제하여 집현전 부수찬이 되고, 1444년 집현전 교리, 1445년 집현전 응교, 1448년 집현전 직제학, 1452년 집현전 부제학이 되었다.《용비어천가》,《고려사》,《자치통감훈의》편찬에 참여하였다. 명나라에 보내는 표전문(表箋文)을 많이 썼다. 표문(表文)은 황제에게 올리는 글이고, 전문(箋文)은 황태후와 황태자에 보내는 글이다.

박팽년(1417~1456)은 세종 16년(1434)에 급제하여 집현전 정자가 되었다. 세종 20년(1438)에《자치통감훈의》, 세종 23년(1441)에는《명황계감》편찬에 참여하였다. 세종 24년(1442)에 사가독서로 진관사에서 공부하였다.

신숙주(1417~1475)는 세종 21년(1439)에 급제하였다. 세종 23년

(1441)에 집현전 부수찬이 되었다. 세종대왕이 책을 보다 잠든 신숙주에게 도포를 덮어준 일이 있다. 세종 24년(1442)에 사가독서로 진관사에서 공부하였다. 훈련원주부로서 세종 25년(1443) 2월 21일부터 10월 19일까지 약 8개월 동안 조선통신사 변호문의 서장관 겸 종사관으로 일본에 파견되었다.

성삼문(1418~1456)은 세종 21년(1439)에 급제하였다. 세종 27년(1445)에 신숙주와 함께 요동에 가서 음운학자 황찬을 만났다. 세종 28년(1446)에 집현전 수찬이 되었다.

이개(1417~1456)는 세종 18년(1436)에 급제하고 세종 23년(1441) 집현전 저작랑으로 《명황계감》 편찬에 참여하였다. 세종 24년(1442)에 사가독서로 진관사에서 공부하였다.

이선로(?~1453)는 이름을 이현로로 바꾸었다. 세종 20년(1438)에 급제하여 세종 26년(1444)에 집현전 학자가 되었다.

강희안(1417~1464)은 그림과 글씨에 능하였다. 세종대왕의 장인인 심온의 외손자며 소헌왕후의 조카다. 세종 23년(1441)에 급제하여 왕실의 어른을 모시는 돈녕부 주부가 되었다.

《한국민속문화대백과사전》

더 알아보기 — 사가독서

사가독서(賜暇讀書)는 독서 휴가다. 사가(賜暇)는 휴가를 준다는 뜻이고 독서(讀書)는 책을 읽는다는 뜻이다.

세종대왕은 집현전 학자들이 출근하고 숙직하는 일이 학문 연마에 지장이 있다고 보고 집에서 공부하도록 사가독서를 주었다.

사가독서의 시초는 세종 8년(1426) 12월에 권채, 신석조, 남수문 등이 집에서 공부하고 대제학 변계량(1369~1430)의 지도를 받으면서 시작되었다.

사가독서 인원은 1명에서 12명이었고 보통은 6명 정도였다. 기간은 1개월에서 3개월이었으며, 기간이 길면 달수 표시를 하지 않고 장가(長暇)라 하였다.

사가독서 대상자는 세종 8년(1426)부터 영조 49년(1773)까지 48차례에 걸쳐 320명이 선발되었다.

집현전 학자들은
훈민정음으로 상을 받았을까?

 세종대왕은 《운회》를 번역한 학자에게 후하게 상을 주고 접대를 하고 수고비를 주었다. 집현전 학자들이 훈민정음을 만들었다면 후하게 상과 수고비를 받았을 것이다.
 그러나 세종실록에 집현전 학자가 훈민정음으로 후하게 상과 접대와 수고비를 받았다는 기록이 없다.

 세종대왕이 《운회》를 번역한 학자들을 대접한 내용이 세종 26년(1444) 2월 16일 세종실록에 실려 있다.

 집현전 교리 최항·부교리 박팽년, 부수찬 신숙주·이선로·이개, 돈녕부 주부 강희안 등에게 명하여 의사청에 나아가 언문으로 운회(고금운회거요)를 번역하게 하고, 동궁과 진양대군 이유, 안평대군 이용에게 그 일을 관장하여 모두 성상의 판단에 품의 하도록 하였으므로 상을 거듭 내려 주고 접대와 수고비를 후하게 하였다.

세종대왕은 《운회》를 번역한 박팽년, 신숙주, 이선로, 이개, 강희안 등에게 상을 거듭 주고 접대와 수고비를 후하게 주었다.

더 알아보기 《고금운회거요》와 《홍무정운》

《고금운회거요(古今韻會擧要)》는 원나라 학자 웅충이 스승인 황공소가 1292년에 편찬한 《고금운회》를 간추리고 보충하여 주석을 달아 1297년에 30권 10책으로 편찬한 책이다. 세종 16년(1434)에 신인손(1384~1445) 등이 목판본 4권 1책으로 간행하였고, 선조 6년(1573)에 다시 간행하였다.

《홍무정운(洪武正韻)》은 악소봉과 송염 등이 홍무 7년(1375)에 베이징 사람들의 발음을 기준으로 성조에 따라 배열하고 어려운 한자는 쉽게 읽을 수 있도록 반절(半折)을 사용하여 15권으로 편찬하였다. 어려운 한자 곁에 같은 소리의 쉬운 한자를 적어서 쉬운 한자를 보고 어려운 한자를 읽게 하는 방법이 반절이다.

세종대왕은 세종 30년(1448)에 신숙주, 성삼문, 조변안, 김증, 손수산 등에게 《홍무정운》을 번역하게 하였다. 《홍무정운》은 내용이 방대하여 단종 3년(1455)에야 편찬되었다. 《홍무정운》을 번역한 내용이 신숙주의 《보한재집》에 실려 있다.

중국 사신들로부터 한자음을 듣고 한자의 정음과 속음을 구분하여 언문으로 표기하였다. 《홍무정운》의 성모 순서가 맞지 않았지만 그대로 두고, 운을 표시하는 글자들의 위에 성모를 나타내는 자모를 분류하여 적고, 반절 대신 훈민정음으로 음을 표시하였다. 만일에 이해하기 어려운 음이 있으면 간단히 주를 달고 그 예를 보였으며, 세종대왕께서 《사성 통고》라고 책 이름을 지어 준 것을 따로 첫머리에 붙이고 다시 범례를 실어 기준이 되도록 하였다.

운모와 사성에 관한 고찰은 남조에서 시작되었고, 성모에 관한 고찰은 인도에서 불교가 전래한 이후에 시작되었으나 송나라 학자들이 운도를 만들어 종횡으로 배열된 성모와 운모가 비로소 결합하여 한자음을 표기하게 되었다.

《홍무정운》을 번역한 《홍무정운역훈》은 한자의 소리와 뜻을 훈민정음으로 적어 쉽게 한자를 읽고 뜻도 알 수 있도록 한 책이다.

훈민정음을 만들기 위해서
중국 음운학자를 만났을까?

　신숙주, 성삼문 등이 중국의 음운학자를 만난 것은 훈민정음을 만들기 위해서라고 주장하는 학자가 있다.

　그러나 중국 요동에 신숙주, 성삼문, 통역관 손수산을 13차례나 보내 중국 음운학자 황찬을 만나 《홍무정운》을 질문하여 한자의 소리와 뜻을 훈민정음으로 적어오게 한 것은 우리나라에서 사용되는 한자의 소리와 뜻을 바로잡기 위해서였다.

　중국 요동에 학자를 보낸 내용이 세종실록 세종 27년(1445) 1월 7일에 실려 있다.

　집현전 부수찬 신숙주와 성균관 주부 성삼문과 통역관 손수산을 요동에 보내서 운서(홍무정운)를 질문하여 오게 하였다.

　신숙주, 성삼문, 통역관 손수산이 중국 음운학자 황찬을 만나《홍무정운》을 질문하여 훈민정음으로 한자의 소리와 뜻을 적어온 자료는 훗날《동국정운》과《홍무정운역훈》을 편찬하는 자료가 되었다.

왜 집현전을
폐지하였을까?

집현전을 폐지한 원인은 집현전 학자들이 폐위된 단종을 다시 임금으로 모시려는 운동에 많이 참여하였기 때문이다.

세조대왕이 집현전을 폐지한 내용이 세조실록 세조 2년(1456) 6월 6일에 실려 있다.

명하기를, '집현전을 파하고, 경연을 정지하며, 거기에 소장하였던 서책은 모두 예문관에서 관장하게 하라.' 하였다.

손보기(2022~2010)는 《세종대왕과 집현전(1984, 세종대왕기념사업회)》에서 집현전은 세종 2년(1420) 3월 16일에 설치되고 세조 2년(1456) 6월 6일에 폐지되었다고 하였다. 그리고, 1등 16명, 2등 6명, 3등 11명, 4등 7명 등 46명이 우수한 성적으로 집현전 학자로 선발되었고, 집현전이 설치된 37년 동안 96명의 학자가 배출되었다고 하였다.

3장

신미대사가 훈민정음을 만들었을까?

신미대사가
훈민정음을 만들었을까?

 훈민정음은 비밀리에 연구되었으므로 관련 기록과 자료가 부족하다. 세종실록,《복천보장》, 효령대군 문집, 영산김씨 족보, 기타 자료를 통해 신미대사가 훈민정음을 만들었다는 것을 추정할 수 있다.

 ① 세종실록에 세종대왕이 총애한 기록이 있다면 신미대사가 훈민정음을 연구할 인재로 뽑혔다고 볼 수 있는 것이다.
 ② 세종실록에 왕자들이 신미대사를 공양하였다는 기록이 있다면 신미대사가 훈민정음을 연구하였기 때문일 것이다.
 ③ 신미대사가 한자는 물론 소리글자인 인도의 산스크리트 문자와 몽골의 파스파 문자에 능통하였다는 자료가 있다면 훈민정음을 발명할 능력이 있었다고 볼 수 있다.
 ④ 신미대사가 오랫동안 연구할 수 있는 여건이었다면 신미대사가 훈민정음을 연구할 수 있었다고 볼 수 있다.
 ⑤ 세종대왕이《운회》를 번역한 학자들에게 거듭 상을 주고, 수고비를 주고, 접대를 후하게 주었듯이 세종실록에 신

미대사가 큰 상과 수고비와 접대를 받았다는 기록이 있다면 훈민정음을 발명하였기 때문일 것이다.

⑥ 세종실록에 신미대사가 나라를 돕고 세상을 이롭게 하였다는 기록이 있다면 신미대사가 훈민정음을 만들었다는 뜻이라고 볼 수 있을 것이다.

⑦ 세종실록에 세종대왕이 신미대사를 특별히 대우한 기록이 있다면 이는 훈민정음을 발명하였기 때문일 것이다.

⑧ 세종실록에 공신당에 신미대사를 모시자는 기록이 있다면 이는 신미대사가 훈민정음을 만들었기 때문일 것이다.

위와 같은 내용이 확인된다면 신미대사가 훈민정음을 만들었다고 해도 무방할 것이다.

왜 훈민정음은
비밀리에 연구되었을까?

집현전 부제학 최만리의 상소를 통해 훈민정음은 각료들과 논의하지 않고 비밀리에 추진되었음을 알 수 있다. 최만리가 넓게 여러 사람의 의논을 채택하지 않고 갑자기 아전들에게 가르친다고 한 것은 비밀리에 훈민정음을 추진하였다는 뜻이다.

부제학 최만리가 비밀리에 훈민정음을 추진하였다고 한 상소 내용이 세종실록 세종 26년(1444) 2월 20일에 실려 있다.

이제 넓게 여러 사람의 의논을 채택하지도 않고 갑자기 아전 무리 10여 인에게 가르쳐 익히게 하며, 또 가볍게 옛사람이 이미 이룩한 운서를 고치고 근거 없는 언문으로 적어서 기술자와 장인 수십 인을 모아 목판에 글자를 새겨 급하게 널리 반포하려 하시니, 천하 후세의 공의(公議)에 어떠하겠습니까.

비밀리에 훈민정음 연구가 진행되었으므로 누가 언제 어

디서 어떻게 연구하였다는 기록이 없는 것이다.

　비밀리에 훈민정음을 추진하지 않았다면 사대부와 유생들의 반대로 큰 어려움을 겪었을 것이고, 생원 유상해의 상소에서 보듯이 일부 유생들은 훈민정음을 연구하는 신미대사를 죽이려고 하였을 것이다.

인재가 중요하다고 한 것과
훈민정음 발명은 관계 있을까?

세종대왕이 정치에서 인재가 가장 중요하다고 한 것과 훈민정음은 관계 있다고 볼 수 있다. 세종대왕이 정치에서 인재가 가장 중요하다는 정치 철학을 세운 것은 인재를 발탁하여 훈민정음을 만들었다는 근거다.

세종대왕이 인재를 중요하게 여겼다는 내용이 세종 5년 (1423) 11월 25일 세종실록에 실려 있다.

이조에 전지하기를,
"정치에서 최고로 중요한 것은 인재를 얻는 것이다. 관원이 그 직무에 적당한 자이면, 모든 일이 다 다스려지나니, 그 직위에 있는 동반 6품과 서반 4품 이상으로 하여금 시직(현직에 있는 사람)이나 산직(해직 중인 사람)임을 구애함이 없이 지모(지혜와 계략)와 용력이 뛰어나서 가히 변방을 지킬 만한 사람과 공정하고 총명하여 가히 수령직에 대비할 수 있는 자와, 사무에 능숙하고 두뇌가 명석하여 극히 번거로운 자리에 감당할 수 있는 자 3명을 각각 천거하여 임용에 충당하게 하되, 혹 그 인재를 알기 어렵거든 과목마다 반드시 각기 한 사람씩을 찾아서 구할 것 없이 다만 아는 대로 '쓸 만한 사람' 3인을 천거하게 하라. 만약 사정에 따라 잘못 천거하여, '그 사람이' 재물을 탐하고 정사를 어지럽게 하여, 그 해가 생민에게 미치게 한 자는 율문을 살펴서 죄를 과하되, 조금이라도 가차 없게 하라." 하였다.

세종대왕은 집현전을 설치하여 인재를 키우고 선발하여 사회 여러 분야에서 뛰어난 업적을 남겼다. 인재를 소중하게 여긴 세종대왕은 소리글자에 탁월한 신미대사를 선발하여 훈민정음을 만들게 하였을 것이다.

더 알아보기 | 세종대왕의 인사 원칙

세종대왕의 인사 원칙은 합리적이고 객관적이며 간단하고 명료하여 누구나 수긍할 수 있다.
세종대왕은 인재에게 일을 맡기면 반드시 진행 상황을 살펴보고 어떻게 하면 가장 좋은 결과를 얻을 수 있는지 의논하였다. 그리고 먼저 자신의 견해를 밝히고 신하의 의견을 들었으며 결과에 따라 포상하였다.

또한, 인사 관리의 잘못을 막기 위해 재물을 탐하고 나랏일을 어지럽히고 백성에게 해를 끼친 자는 죄에 따라 마땅한 벌을 주고 그 죄인을 천거한 자도 법에 따라 처리하였다.

그리고, 세종대왕은 인재를 못 쓰는 경우가 3가지라 하였다.

첫째는 임금이 인재를 알아보지 못함이요.

둘째는 임금이 인재를 구하지 못함이요.

셋째는 임금과 인재가 서로 뜻이 맞지 않는 경우라 하였다.

세종대왕이 총애한 것과 훈민정음 발명은 관계 있을까?

세종대왕이 총애한 것과 훈민정음 발명은 관계 있을 것이다. 세종대왕의 총애를 받아야 훈민정음을 만들 인재로 뽑힐 수 있기 때문이다.

세종대왕이 신미대사를 총애하였다는 기록은 세종실록, 《효령대군 문집》, 영산김씨 족보 등에 실려 있다.

세종대왕이 신미대사를 총애한 내용이 세종실록 세종 30년(1448) 9월 8일에 실려 있다.

김수온의 형 중 신미가 승도(단체)를 만들고 꾸며 임금께 총애를 얻었는데, 수온이 좌우를 인연하여 수양과 안평 두 대군과 결탁해서 불서(불경)를 번역하고, 만일 궁내에서 불사가 있으면, 사복소윤 정효강과 더불어 눈을 감고 반듯하게 앉아서 종일 밤새 합장하고 경을 외고 염불을 하며 설법하여 조금도 부끄러워하는 빛이 없었다.

효령대군 문집에도 세종대왕이 신미대사를 총애하였다는

기록이 있다.

세종대왕께서 존자(신미스님)의 이름을 들으시고 불러 대담하시니 그의 답이 영리하고, 의리가 정교하고 막힘이 없이 아뢰고, 답하는 것이 왕의 뜻에 어긋남이 없어 왕의 대우가 두터웠고, 문종께서 혜각존자 선교 도총섭이라는 칭호를 내려 뭇 사찰을 통솔하게 하였다. 우리 성상(세조)께서 잠저(임금이 되기 전)에 계실 때부터 서로 마음속을 알아 친함이 지극하더니 즉위하자 돌보아 줌이 더욱 극진했다. 이 절(복천사)은 세종대왕께서 만드신 불상이 있는 곳이요, 이 절의 혜각존자는 또 선왕(문종)께서도 후대하시었다.

효령대군은 세종대왕이 신미대사를 특별히 대우한 것은 신미대사의 말이 이치에 맞고 논리가 정교하면서 막힘이 없고 임금의 뜻에 어긋나지 않았기 때문이라 하였다.

혜각존자
신미대사는 누구인가?

속리산 복천암 혜각존자 신미대사 진영(복사본)

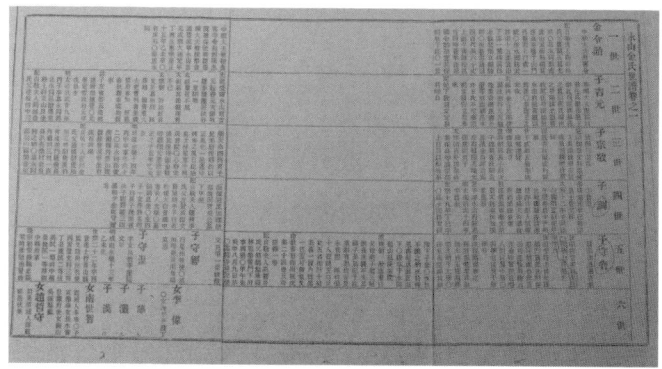

영산김씨 족보(복사본)

3장 • 신미대사가 훈민정음을 만들었을까?

신미대사는 충청북도 영동군 용산면 상용리 오얏골에서 아버지 영산 김씨 김훈과 어머니 여흥 이씨의 맏아들로 이름은 수성(守省)이었다. 동생으로는 수온과 수화가 있다.

신미대사는 15세의 나이인 태종 14년(1417)에 속리산 법주사로 출가하였다. 태종 16년(1419)에 양주 회암사로 가서 함허대사(1376~1433)에게 인도의 산스크리트 문자(범어)와 몽골의 파스파 문자를 배웠다. 함허대사가 원경왕후의 명복을 빌기 위해 세종 3년(1421)부터 세종 6년(1424)까지 대자사 주지로 임명되었을 때 함허대사를 수행하면서 자연스럽게 세종대왕과 인연이 닿았을 것이다.

세종 10년(1428) 진주에서 아들이 아버지를 죽인 사건으로 인해 훈민정음을 만들게 되면서 한문은 물론 산스크리트 문자와 파스파 문자에 해박한 신미대사가 훈민정음을 만들 인재로 뽑힌 것이다.

신미대사는 세종 10년(1428) 10월 3일부터 사대부와 유생들의 눈을 피해 궁궐에서 가깝지도 멀지도 않은 서울의 홍천사, 청계사, 경기도 가평의 현등사, 예빈사, 황해도 장연의 천불사, 강원도 춘천의 청평사 등에서 훈민정음을 연구하였을 것이다.

세종대왕은 세종 25년(1443) 12월 30일에 신미대사가 만든 훈민정음을 반포하였다. 훈민정음이 반포되고 2년 8개월 동안 훈민정음해례를 집필하여 세종 28년(1446) 9월 상한에 훈민정음해례본을 편찬하였다. 20일 뒤인 9월 29일에 세종실록에 등재되었다.

신미대사가 성종 11년(1480) 77세로 입적하자 성종 11년 8월에 속리산 복천암 동쪽 능선에 신미대사의 승탑(보물 제1416호)을 조성하였다. 신미대사의 제자인 학조대사가 중종 9년(1514) 83세로 입적하자 중종 9년에 신미대사 승탑 근처에 학조대사의 승탑(보물 제1418호)을 조성하였다.

속리산 복천암 신미대사 승탑

속리산 복천암 신미대사 승탑(오른쪽)과 학조대사 승탑(왼쪽)

더 알아보기 **함허대사**

양주 회암사지

함허대사(1376~1433)는 성균관에서 공부할 때 친구의 죽음을 보고 21살에 출가하였다. 양주 회암사에 머무르면서 무학대사의 법을 잇고 신미대사에게 산스크리트 문자와 파스파 문자를 전수하였다.

함허대사는 태종과 세종대왕의 신임이 깊었다. 태종실록 태종 13년(1413) 5월 6일에 보면 태종은 세자와 왕비, 대군과 제군을 데리고 회암사로 가서 약사 정근을 하고 계를 받았다고 하였다. 세자는 왕위를 계승한 아들이고 대군은 그 밖의 형제이며, 제군은 후궁 사이에서 낳은 아들이다.

함허대사는 세종 3년(1421)부터 세종 6년(1424)까지 개성의 대자사 주지로 임명되어 원경왕후의 영정을 봉안하고 명복을 빌었다. 함허대사가 원경왕후의 명복을 빌며 지은 게송이다.

태어남이란 한 조각 구름이 일어남이요,
죽음이란 한 조각 구름이 사라짐이로다.
뜬구름은 본래 실체가 없어 변하는 것이니,
덧없는 몸의 생멸도 또한 이와 같구나.
그중에 신령한 한 물건이 있나니,
수억겁을 지내도 깊고 고요할 뿐이로다.
이런 인연을 말로 하면

(이 한 물건은) 깊고 가득하여 향수해(우주의 바다) 같으며,
그 깊고 그윽함은 관세음보살이 사는 보타낙가산 같아라.

원경왕후 영혼과 법계의 모든 영혼이여!
널리 발원하오니,
함께 모두 높은 깨달음의 눈을 떠서
극락 불국토에서 뜻대로 즐거이 거니소서.

함허대사는 정도전의 《불씨잡변》에 대항하여 《현정론(顯正論)》을 써서 정도전의 부당성을 논리정연하게 반박하였다. 저서로는 《원각경소》 3권, 《금강경오가해설의》 2권 1책, 《윤관》 1권, 《함허화상어록》 1권이 있다. 함허대사의 승탑은 가평 현등사, 문경 봉암사, 강화 정수사, 황해도 연봉사에 있다.

더 알아보기 원경왕후

세종대왕의 어머니 원경왕후(1365~1420)는 고려의 권세가인 여흥 민씨인 민제의 둘째 딸로 태어났다. 원경왕후는 17살이던 고려 우왕 8년(1382)에 두 살 아래인 태종 이방원(1367~1422)

과 결혼하여 양녕, 효령, 충녕, 성녕, 정순, 경정, 경안, 정선을 낳았다.

원경왕후는 복통을 핑계로 제1차 왕자의 난 때 태조 이성계의 병을 돌보던 남편 이방원을 불러 무기와 사병을 내어주고 동생 민무구, 민무질과 함께 정도전, 남은 등을 기습하여 죽일 수 있도록 하였다. 정도전, 남은 등이 제거되자 태조 이성계가 기거하던 청량전에서 신덕왕후 강씨 소생의 왕세자 이방석과 세자빈 심씨, 이방번, 경순공주와 부마 홍안군 이제 등을 죽였다. 이방원은 제2차 왕자의 난을 거쳐 등극하여 태종이 되었다.

태종은 왕권 강화를 위하여 처남들을 죽였다. 자식들이 죽자 원경왕후의 부모님도 화병으로 죽었다. 원경왕후는 친정 가족이 몰살당하는 아픔을 겪으면서 친정에 대한 미안함과 남편 태종에 대한 원망을 가슴에 묻었다. 원경왕후가 56세로 죽자 세종대왕이 음식을 끊었다는 내용이 세종실록 세종 2년(1420) 7월 10일에 실려 있다.

상왕(태종)이 원숙을 불러 말하기를,
"대비(원경왕후)의 병환이 이미 위급하다. 전일에 점쟁이가 해가 없겠다고 하더니, 이제 이처럼 되니, 점괘의 말을 진실로 믿지

못할 것이다." 하였다.

낮 오시에 대비가 별전에서 훙(죽음)하니, 춘추가 56세이요, 중궁(중전마마)에 오른 지 21년이다. 모든 범절을 한결같이 옛 의식에 좇아, 임금이 옷을 갈아입고, 머리 풀고, 발 벗고, 부르짖어 통곡하였다.

상왕(태종)이 거적자리에 나아가 미음을 전하니, 이때 임금이 음식을 먹지 않은 지 이미 수일이라, 상왕이 눈물을 흘리며 울면서 권하였다.

원경왕후의 시호는 창덕소열원경왕후이고 왕릉은 헌릉이며 서울특별시 서초구 내곡동 산13번지 1호에 있다.

신미대사는 훈민정음을
만들 능력이 있었을까?

신미대사의 다라니가 발견된 제주 고관사 목조 아미타 불상

신미대사와 학열대사가 쓴 다라니(복사본)

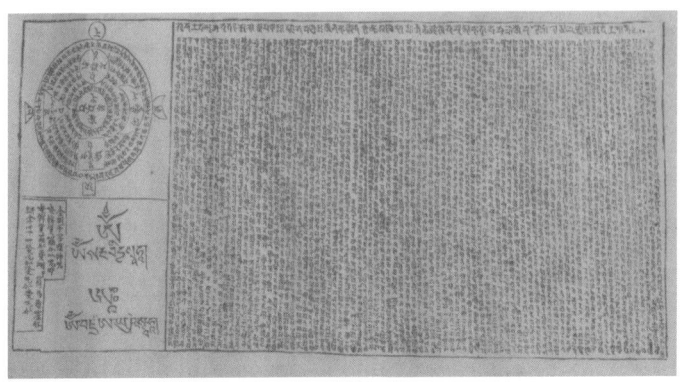

신미대사와 학열대사가 쓴 다라니(복사본)

　신미대사가 산스크리트 문자와 파스파 문자로 쓴 다라니가 제주도 고관사 목조 아미타 불상에서 발견되었다. 이 다라니는 신미대사가 훈민정음을 만들 능력이 있었음을 증명하는 자료라 할 수 있다.

　제주도 고관사에서 발견된 다라니에 "경태병자하 비구신미학열 시주영가부부인 신씨(景泰丙子夏 比丘信眉學悅 施主永嘉府夫人 申氏)"라고 적혀 있다.

　경태병자하(景泰丙子夏)에서 경태(景泰)는 중국 연호로 세조 2년(1456)이고, 병자(丙子)는 세조 2년(1456) 병자년이며, 하(夏)는 우란분재일인 음력 7월 15일로 백중이다. 백중에는 스님들이 공부를 마치고 깨달음을 얻어 밖으로 나오므로 불보살은 스님들을 보고 기뻐서 지옥의 문까지 연다는 것이다. 백중날 지옥문이 열리므로 지옥 중생을 구제할 수 있어 죽은 사람의 천도재를 지낸다. 따라서 경태병자하는 '병자년(1456) 백중'을 가리킨다.

비구신미학열(比丘信眉學悅)에서 비구는 남자 스님을 뜻하고 신미는 신미대사이고 학열은 학열대사를 뜻한다. 광평대군의 극락왕생을 염원하며 한문과 산스크리트 문자, 파스파 문자로 다라니를 작성하였을 것이다.

시주영가부부인 신씨(施主永嘉府夫人申氏)에서 시주는 절에 보시한 신도이고, 영가부부인(永嘉府夫人) 신씨(申氏)는 세종대왕의 다섯째 아들 광평대군(1425~1444)의 부인이다.

세종 26년(1444)에 광평대군이 20살에 죽자 영가부부인 신씨는 출가하여 혜원스님이 되었다. 혜원스님은 세조 2년 병자년 음력 7월 15일 백중에 맞춰 순천 선암사에서 광평대군의 천도재를 지내기 위해 목조 아미타 불상과 다라니를 조성하였다. 다라니는 신미대사와 학렬대사가 작성하였다.

더 알아보기   제주 고관사의 목조 아미타 불상

제주 고산사 목조 아미타 불상

제주시 조천읍 조천리에 있는 고관사는 고계부와 강정완 두 보살이 오래전에 폐사된 절터에 있는 기와집을 사서 순천 선암사 제주포교당으로 1927년에 창건하였다. 고자선 보살이 순천 선암사에서 목조 아미타 불상을 모셔와 1930년에 고관사 법당에 봉안하였다.

1948년 제주 4·3 사건 때 조천면 면사무소가 불에 타자 조천면장이 총으로 강정완 보살을 위협하여 법당인 기와집과 요사채인 초가집을 강제로 40만 원에 매입한 뒤 면사무소로 사용하였다.

고관사에 있던 목조 아미타 불상과 불화는 강정완 보살네 집으로 옮겼다. 조천면 면사무소를 1968년에 짓자 강정완 보살이 다시 고관사를 샀다. 1980년에 고관사를 중창하면서 새 불상을 법당에 모시면서 순천 선암사에서 모셔온 아미타 불상은 창고에 보관하였다.

1984년 주지로 부임한 석도림 스님과 북촌 김익홍(1949~2008) 단청장이 창고에 있던 높이 65.5㎝, 어깨 폭 26㎝의 목조 아미타 불상을 조사하였다. 목조 아미타 불상의 복장에서 부처님 정골사리, 고려시대 《법화경》 4권, 《장수멸죄경》, 신미대사와 학렬대사가 쓴 〈파지옥진언〉과 〈문수멸죄업주〉, 그리고 오색 명주실, 옷 등 31종의 유물이 발견되었다.

더 알아보기 — 영가부부인 신씨

영가부부인 신씨는 동지중추원사 신자수의 딸이다. 세종 18년(1436)에 세종대왕과 소헌왕후의 5남 광평대군(1425~1444) 이

여와 결혼하였다. 광평대군은 무안대군(1381~1398) 방번의 양자이기도 하였다. 영순군(1444~1470)을 낳은 세종 26년(1444)에 광평대군은 천연두로 사망하였다. 부인 신씨는 출가하여 혜원스님이 되어 광평대군의 방에 살면서 가까운 군장사에서 불공을 드렸다.

김수온의〈견성암법회기〉를 보면 영가부부인 신씨는 광평대군 묘 근처에 있는 견성암에 재산의 절반을 보시하여 1,000여 명의 스님들이 끼니 걱정하지 않도록 하였다. 견성암 스님들은 밤에는 참선하고 낮에는 경전을 독송하면서 광평대군의 극락왕생을 발원하였다.

광평대군의 묘 근처에 성종의 선릉이 들어서면서 무안대군(1381~1398)의 묘 근처로 이장하였다. 견성사도 옮기려 하였으나 정현왕후(1462~1530)가 선릉을 지키는 사찰로 지정하여 옮기지 않았다. 그러나 대신들이 견성사 철폐를 끊임없이 요구하여 연산군 3년(1498)에 옮기면서 봉은사라 하였다.

영순군이 27세에 죽자 부인 최씨는 출가하여 선유스님이 되었다. 선유스님은 시어머니인 혜원스님과 함께 영순군의 명복을 빌기 위해 《수륙무차평등재의촬요(보물 제1105호)》를 간행하여 각 사찰에 보시하였다.

신미대사가 불교적인 숫자를 훈민정음에 적용하였을까?

훈민정음과 훈민정음해례본에는 불교적인 숫자가 사용되었다.

훈민정음에 숫자 3을 사용하여 글자를 초성, 중성, 종성으로 만들고, 훈민정음해례본에 세종어제(世宗御製), 훈민정음해례, 정인지 서문 3장으로 편찬하였다.

불교에서 숫자 3은 삼보(三寶), 삼학(三學), 삼독(三毒) 등에 사용되었다. 삼보는 불법승(佛法僧)으로 부처님, 부처님의 가르침, 사부대중인 남자 스님과 여자 스님, 남자 신도와 여자 신도 등을 말한다. 삼학은 계정혜(戒定慧)로 계율, 선정, 지혜로 질서, 평화, 깨달음을 가리킨다. 삼독(毒) 또는 삼독심은 탐진치(貪瞋痴)라 하는데 욕심, 성냄, 어리석음을 가리킨다.

훈민정음의 글자 수를 28자로 만들었다. 28은 불교의 수직적 우주관으로 욕계 6천, 색계 18천, 무색계 4천 등을 뜻한다.

훈민정음해례본을 33장으로 만들었다. 불교의 도리천이

33개의 우주로 되었다고 한다. 도리천은 우리가 사는 우주로써 동서남북에 8개의 우주가 있고 중앙에 1개의 우주가 있어 모두 33 우주인 것이다. 대한독립선언서에 33명이 서명한 것은 모든 국민이 참여하였다는 뜻이고, 보신각의 종을 33번 치는 것은 온 세상에 종소리가 가득하다는 뜻이다.

세종어제 서문을 53자로 지었다. 불교의 화엄경에 선재 동자가 깨달음을 얻기 위해 만난 선지식이 53명인 것이다.

훈민정음해례본과 《월인석보》에 실린 세종어제훈민정음이 108자이다. 불교에서는 백팔번뇌가 유명하다.
이처럼 불교적인 숫자를 훈민정음에 적용한 것은 신미대사가 훈민정음을 만들었기 때문일 것이다.

높은 예절로 대우한 것과
훈민정음 발명은 관계 있을까?

 세종대왕이 신미대사를 임금이 잠자는 침전(寢殿)으로 맞아들여 높은 예절로 대우한 것은 훈민정음 발명과 관계 있을 것이다. 세종대왕이 침전으로 맞아 높은 예절로 대우한 것은 신미대사가 훈민정음을 발명하였기 때문이다.

 세종대왕이 높은 예절로 신미대사를 대우한 내용이 세종 32년(1450) 1월 26일 세종실록에 실려 있다.

임금의 병환이 나았는데도 정근을 파하지 않고 그대로 크게 불사(불교 의식)를 일으켜, 중 신미를 불러 침실 안으로 맞아들여 법사(스님이 주관하는 불교 의식)를 베풀게 하였는데, 높은 예절로써 대우하였다.

 정근은 불교의 수행 방법으로 불경을 읽거나, 부처님의 이름을 계속해서 부르거나, 조용히 명상하거나, 절을 하는 방법 등이 있다. 정근을 통해 만물이 항상 변한다는 것을 알고 무엇에도 집착하지 않는 깨달음을 얻어 마음의 평안을 얻는 것이다.

두 왕자가 공양한 것과
훈민정음 발명은 관계 있을까?

 수양대군(1417~1468)과 안평대군(1418~1453)이 신미대사를 공양한 것과 훈민정음 발명은 관계 있을 것이다. 공양은 먹거리와 잠자리를 보살피고 신변을 안전하게 지켜주는 일을 뜻한다. 두 왕자가 공양한 것은 신미대사가 훈민정음을 연구하고 있었기 때문에 신변을 보호하기 위함일 것이다.

 두 왕자가 신미대사를 공양한 내용이 세종실록 세종 29년(1447) 6월 6일에 실려 있다.

 수온의 형이 출가하여 중이 되어 이름을 신미라고 하였는데, 수양대군 이유와 안평대군 이용이 심히 믿고 좋아하여, 신미를 높은 자리에 앉게 하고 무릎 꿇어 앞에서 절하며 예절을 다하여 공양하였다.

 생원 유상해가 요망한 중 신미를 베라고 한 상소가 세종 30년(1448) 7월 26일 세종실록에 실려 있다.

생원 유상해 등이 상소하기를, "신 등이 듣건대, 요망한 중 신미가 꾸미고 속이기를 백 가지로 하여 스스로 생불이라 하며, 겉으로 선을 닦는 방법을 하는 체하고 속으로 불여 사는 꾀를 품어서 인심을 현혹시키고 성학(주자학)을 황폐하게 만드는 것이 이루 말할 수가 없습니다. 또 신미의 아우인 교리 수온이 유술로 이름이 났는데, 이단의 교(불교)를 도와서 설명하고 귀하고 가까운 사람에게 불어서 아첨하여 진취에 자뢰하니, 비옵건대, 수온을 잡아다가 그 죄의 이름을 바루고, 특히 요망한 중을 베어 간사하고 요망한 것을 끊으면, 신하와 백성이 모두 대성인의 하는 일이 보통에서 뛰어남이 만만인 것을 알 것입니다." 하였으나, 회답하지 아니하였다.

조선시대에 노비, 백정, 기생, 광대, 무당, 승려 등은 사람 취급을 받지 못한 천민이었다.

생원 유상해의 상소를 보면 수양대군과 안평대군이 신미대사를 공양하지 않았다면 천민인 신미대사는 죽임을 당했을 수도 있었을 것이다.

조선 최고의 봉작과
훈민정음 발명은 관계 있을까?

 신미대사가 받은 조선 최고의 봉작은 훈민정음 발명과 관계 있을 것이다. 세종대왕은 대신들과 의논하여 신미대사에게 조선 최고의 봉작을 주었기 때문이다.

 세종대왕이 문종을 시켜 신미대사에게 최고의 봉작을 주었다는 내용이 문종실록 문종 즉위년(1450) 7월 6일에 실려 있다.

 또 중 신미를 선교종도총섭 밀전정법 비지쌍운 우국이세 원융무애 혜각존자로 삼고, 금란지에 관교를 써서 자초폭으로 싸서 사람을 보내어 주었는데, 우리 국조 이래로 이러한 승직이 없었다. 임금이 이 직을 주고자 하여 일찍이 정부에 의논하고, 정부에서 순종하여 이의가 없으므로 마침내 봉작하게 되었는데, 이를 들은 사람으로 놀라지 않는 이가 없었다.

 세종대왕이 신미대사에게 봉작을 줄 때 극진한 예우를 갖추었다. 금란지(金鸞紙)에 관교(官敎)를 사용하고 자초폭(紫幅)에 싸서 복천암으로 사람을 보내 전달하였다. 금란지(金鸞紙)는 금으로 가장자리에 테를 두른 최고급 한지이고, 관교(官敎)는 임금이 4품 이상 관리에게 직접 주는 교지(敎旨)를 말한다. 자초폭(紫綃幅)은 임금과 왕비가 사용하는, 최고급 붉은 비단에 금실과 은실로 수를 놓은 보자기이다.

세종대왕은 문종을 시켜서 '선교종도총섭 밀전정법 비지쌍운 우국이세 원융무애 혜각존자' 라는 조선 최고의 봉작(시호)을 신미대사에게 주었다. 나라를 돕고 세상을 이롭게 하였다는 뜻의 우국이세(祐國利世)는 신미대사가 훈민정음을 발명하였다는 증명서라 할 수 있다.

신미대사가 받은
봉작의 뜻은?

　신미대사는 '선교종도총섭 밀전정법 비지쌍운 우국이세 원융무애 혜각존자' 라는 봉작(시호)을 받았다.

　선교종도총섭(禪敎宗都摠攝)에서 선교종(禪敎宗)은 세종대왕이 불교의 여러 종파를 선종과 교종으로 통합한 것을 뜻한다. 선종은 중국에서 발달한 불교로 어려운 한자 불경을 읽는 대신 화두나 명상을 통하여 깨달음을 얻도록 가르친다. 교종은 불교 경전을 읽고 배워서 깨달음을 얻도록 하는 가르친다. 도총섭(都摠攝)은 총괄하여 다스리는 지도자라는 뜻이다. 이는 선종과 교종을 다스리는 불교 최고 지도자라는 뜻이다.

　밀전정법(密傳正法)에서 밀전(密傳)은 깨달음을 얻은 분임을 인정하는 증표를 긴밀하게 전달하고 받았다는 뜻이다. 불교의 후계자로 인정하는 증표는 전법게(傳法揭)와 가사 장삼과 발우가 있다. 전법게는 제자를 후계자로 인정하고자 전하고

자 하는 내용을 종이에 적은 인증서다. 가사는 불교 의식을 할 때 겉옷 위에 입는 옷이고 장삼은 스님이 입는 겉옷이고, 발우는 스님의 밥그릇이다. 스승이 가사와 장삼과 발우 등을 후계자에게 전해준다. 정법(正法)은 올바른 법, 또는 참된 진리라는 뜻으로 불교의 이치를 올바르게 깨닫는 것이다. 밀전정법은 불교의 정통성을 정식으로 이어받았다는 뜻이다.

비지쌍운(悲智雙運)에서 비지(悲智)는 자비와 지혜를 뜻한다. 자비는 남을 위해 밖으로 드러난 행위이고, 지혜는 바람직한 슬기로운 생각을 말한다. 쌍운(雙運)은 자비와 지혜를 바람직하게 운용한다는 뜻이다. 비지쌍운은 늘 자비와 지혜로움으로 바람직하게 행동하여 몸과 마음이 평화롭다는 뜻이다.

우국이세(祐國利世)에서 우국(祐國)은 나라를 돕는다는 뜻이고, 이세(利世)는 세상을 이롭게 한다는 뜻이다. 신미대사가 훈민정음을 만들어 자식들이 효를 알고 어버이를 섬기게 됨으로써 아들이 아버지를 죽인 폐단을 구제할 수 있었기에 우국이세라 한 것이다. 신미대사가 훈민정음을 만들었음을 가리키는 말이 우국이세다.

원융무애(圓融無礙)에서 원융(圓融)은 연기(緣起)로 이루어진 만물이 차별 없이 조화로운 상태를 뜻한다. 연기(緣起)는 '이 것이 있으면 저것이 있고, 저것이 있으면 이것이 있다. 이것이 없어지면 저것이 없어지고, 저것이 없어지면 이것이 없어진다' 라는 상호작용이다. 무애(無碍)는 마음에 걸림이나 방해됨이 없이 자유롭다는 뜻이지만 아무렇게 행동하는 것이 아니라 무엇에도 집착하지 않는다는 말이다.

혜각존자(慧覺尊者)에서 혜각(慧覺)은 지혜와 깨달음을 합친 말이다. 혜(慧)는 지혜로써 지금 여기에 집중하면서 바람직하게 행동하는 것이다. 각(覺)은 깨달음으로써 만물은 항상 변화하는 실체임을 바로 아는 것이다. 실체가 없이 변화하는 성질을 공(空)이라 한다. 공(空)은 '없다' 는 것이 아니라 '항상 변하면서 존재한다' 는 뜻이다. 존자(尊者)는 성인과 같이 존귀한 분을 말한다. 혜각존자(慧覺尊者)는 지혜와 깨달음을 얻어 부처님과 같이 위대한 분이라는 뜻이다.

신미대사는 선종과 교종을 이끄는 불교의 큰 어른이시고, 불교의 정법을 이으셨고, 자비와 지혜를 운용함에 막힘이 없으시며, (훈민정음을 만들어) 나라를 돕고 세상을 이롭게 하셨고, 차별을 떠나 이치에 두루 통하시며, 마음에 걸림이 없으시고, 지혜와 깨달음을 이루신 부처님 같은 스승님이시다.

더 알아보기 — 교지

교지(敎旨)는 임금의 뜻을 담은 명령 문서이다. 교지(敎旨)를 풀이하면, 교(敎)는 임금의 명령이 담긴 말이나 글이고, 지(旨)는 임금의 마음이 담긴 뜻이다. 세종대왕이 교지라고 한 내용이 세종실록 세종 25년(1443) 8월 29일에 실려 있다.

승정원에 전지하기를,
"이제부터 무릇 임금이 내린 모든 명령은 모두 교지라 칭하고, 그 자잘하고 사소한 일은 전지라 칭하고, 승지가 역시 신 아무개라고 서명하고 도장을 찍어서 유사(각 직책)에 내리도록 항상 그렇게 하라." 하였다.

임금이 교지를 내리면 승정원의 승지가 해당하는 사람에게 전달하였다. 교지(敎旨)는 첫 줄에 '교지'라고 쓰고, 본문은 받는 사람의 이름과 임금이 주는 관직과 물품, 특권 등을 적는다. 마지막에는 한자로 '자(者)'를 써서 끝을 맺고, 발급 날짜를 써서 명령이나 관직을 언제 내렸는지 알 수 있도록 하였다. 때로는 세자나 중전, 대비가 교지를 내리기도 한다.

교지에 도장을 찍는다. 관직 임명장에 주석으로 만든 작은 크기의 시명지보(施命之寶) 도장을 찍는다.

문과 급제한 사람에게 주는 홍패와 생원과 진사시 합격한 사람에게 주는 백패에 주석으로 만든 과거지보(科擧之寶) 도장을 찍는다.

교지에는 여러 종류가 있다. 고신교지(告身敎旨)는 직첩이라고도 하는데 관직 임명 문서다. 입격교지(入格敎旨)는 과거 합격자에게 주는 증서로 대과에 합격하면 붉은 종이에 쓴 홍패를 주고, 생원 진사시에 합격하면 백패를 주었다. 추증교지(追贈敎旨)는 나라에 공이 있는 자가 죽은 뒤에 벼슬을 높여 주는 증서다. 시호교지(諡號敎旨)는 왕이나 사대부들이 죽은 뒤에 그 공덕을 찬양하여 추증하는 증서다. 사패교지(賜牌敎旨)는 왕족이나 공신에게 토지나 노비를 하사할 때 딸려 주던 증서다. 면역교지(免役敎旨)는 노역이나 부역을 면제하는 증서다.

스님들에게 잔치를 베푼 것과 훈민정음 발명은 관계 있을까?

세종대왕이 많은 스님을 대자사로 초청하여 두 번이나 큰 잔치를 베푼 것은 훈민정음 발명과 관계 있을 것이다. 조선시대에 엄청나게 많은 스님을 초청하여 7일 동안 두 번씩 잔치한 것은 신미대사가 훈민정음을 발명하였기 때문인 것이다.

세종대왕이 2,000여 명의 스님을 대자사로 초청하여 큰 잔치를 베푼 내용이 세종실록 세종 28년(1446) 5월 27일에 실려 있다.

승도(스님)들을 크게 모아 불경을 대자암에 이전하였다. 처음에 집현전 수찬 이영서와 돈녕부 주부 강희안 등을 명하여 성녕대군의 집에서 금을 녹이어 불경을 쓰고, 수양과 안평 두 대군이 내왕하며 감독하여 수십 일이 넘어서 완성되었는데, 이때에 이르러 크게 법석을 베풀어 대군·제군이 모두 참예하고, 이 회(모임)에 모인 중이 무릇 2천여 명인데 7

일 만에 파하였으니, 비용이 적지 않았다.

세종대왕은 2,000여 명의 스님을 대자사로 초청하여 7일 동안 잔치한 후에 또 스님 1,000여 명을 초청하여 7일간 잔치한 내용이 세종 28년(1446) 10월 15일 세종실록에 실려 있다.

중들을 대자사에 많이 모아서 전경회를 베풀었다가 7일 만에야 파회하였다. 중이 대개 천여 명이나 되었는데, 장설 관리가 분주히 접대하면서 밤낮으로 쉬지 않았으며, 떡과 과일의 음식이 산더미처럼 쌓여 있었다. 처음에 임금이 왕비를 위하여 주부 강희안과 수찬 이영서에게 명하여 금은으로써 불경을 쓰게 하고, 불경의 거죽 옷은 모두 황금을 사용하여 용을 그리게 하고, 또 주옥으로써 등롱(초롱불)을 만들어 그 정교를 다하였다. 재차 법회를 베풀어 전경(경전을 돌아가면서 읽음)을 하였다.

세종대왕이 스님 1,000여 명을 초청하여 큰 잔치를 거듭 베푼 것은 신미대사가 훈민정음해례본을 편찬하였기 때문일 것이다.

더 알아보기 고양 대자사

대자사 터에 있는 성녕대군 사당 대자사(大慈祠)

대자사(大慈寺)는 성녕대군(1405~1418)이 14살에 홍역을 앓다 죽자 뒷산에 묘를 쓰고 집을 대자사로 하였다. 대자사는 세종대왕이 두 번이나 많은 스님에게 7일 동안 잔치를 베푼 장소이다.

성녕대군은 태종과 원경왕후의 막내아들로 총명하고 용모가 단정하여 세종대왕도 동생을 무척 사랑하였다. 성녕대군은 태종 14년(1414)에 대군이 되었다.

경기도 고양시 덕양구 대자동에서 훈민정음과 관련 있는 대자사를 찾았다. 성녕대군의 묘를 둘러보고 오는 길에 성녕대군의 후손을 만나 성녕대군의 비각을 볼 수 있었다. 성녕대군의 묘비에 '대자사는 묘에서 남으로 120보에 있다' 고 적혀 있었다. 1보를 70cm 정도로 계산하면 120보는 80에서 90m이다.

성녕대군 묘에서 남으로 90m 거리에 성녕대군의 사당인 대자사(大慈祠)가 있다. 현재 대자사(大慈祠) 자리가 절터일 것이다.

복천사 중창과 훈민정음 발명은 관계 있을까?

세종대왕이 중창한 보은 속리산 복천사

안평대군이 복천사 중창 불사를 확인한 내용이 문종 1년 (1451) 9월 5일 문종실록에 실려 있다.

> 안평대군 이용이 명을 받고 속리산 복천사로 갔다. 대개 이곳에 중 신미가 살고 있었는데 세종께서 이 중을 위하여 중창하게 하여 그 공역이 이미 끝났기 때문에 가서 보도록 한 것이다.

세종실록이나 효령대군 문집에 따르면 복천사 중창은 세종 30년(1448)부터 세종 32년(1450)에 이루어졌다고 볼 수 있다.

안평대군이 사재로 쌓은 복천사 축대

안평대군이 사재를 내어 복천사를 개창한 내용이 문종 즉위년(1450) 11월 1일 문종실록에 실려 있다.

"안평대군이 세종을 천도하기 위하여 사재를 내어 이 절을 개창하므로, 나는 폐가 이 같은 데 이른 것을 알지 못하고 단청의 도구를 주었다. 그러나 이미 창건한 절이니, 철거하여 허물 수는 없다. 그 재목과 기와를 나르는 것은 진실로 금지하는 것이 마땅하다." 하였다.

세종대왕이 복천사를 중창하고 안평대군이 사재로 복천사 축대를 조성한 것은 신미대사가 훈민정음을 만들고 훈민정음해례본까지 편찬하였기 때문일 것이다.

복천사 삼존불 봉안과 훈민정음 발명은 관계 있을까?

속리산 복천사 극락전 삼존불(복원)

 세종대왕이 복천사를 중창하고 극락전에 삼존불을 봉안한 것은 훈민정음 발명과 관계 있을 것이다. 세종대왕은 복천사를 중창하고 극락전에 삼존불을 봉안한 것은 신미대사가 훈민정음을 만들고 훈민정음해례본을 편찬하였기 때문일 것이다.

세종 32년(1450) 12월에 세종대왕이 복천사를 중수하고 삼존불을 봉안하였다는 내용이 효령대군의 문집 《청권집유(淸權輯遺)》의 '복천사 중수보권문'에 실려 있다.

세종 32년(1450)에 대왕께서 병환으로 효령대군 집으로 옮겨가셨다. 그때 문종과 주상(세조) 전하께서 모셨으나 의약과 기도만으로는 보람을 얻지 못하자 이에 승려들이 정근하니 과연 영묘한 감응을 얻어 성궁(세종대왕)이 편하신지라 여러 종실이 다투어 재물을 내어서 아미타불과 관세음보살과 대세지보살 등 삼존불을 만들고 혜각존자 미공(신미스님)이 와서 이 절을 도우니 참으로 명산대찰이 되었다. 낡은 것을 치우고 새로이 하니 층루와 빼어난 절집이 산골짜기에 높이 솟았다. 드디어 삼존불을 극락전에 봉안한 것이다.

극락전은 아미타부처님을 모신 법당으로 무량수전, 아미타전, 미타전, 보광전 등으로 불린다. 아미타부처님은 무한한 자비심으로 중생을 깨우쳐 극락정토로 이끌어주시는 부처님이다. 아미타는 범어로 '무한한 빛' 또는 '무한한 수명'을 뜻한다. 그래서 아미타부처님을 '무량광불', '무량수불'이라고도 부른다. 부처는 깨달음을 이루었다는 뜻이다. 관세음보살은 모든 소리를 살펴서 중생의 고통을 없애고 깨달음을 얻게 하여 극락세계로 안내하는 분이다. 관세음보살이 쓴 화관에 있는 아미타 불상은 아미타부처님이 계시는 극락세계로 인도하는 보살이라는 뜻이다.

관세음보살을 관자재보살이라고도 하는데 중생들의 소리를 자유자재로 살핀다는 뜻이다. 또한, 관음보살은 당나라 황제 이세민의 '세' 자를 피하려고 관음보살이라 하였다.

대세지보살은 아마타불을 모시고 한없는 힘과 지혜의 빛으로 고통받는 중생을 구제하여 깨달음의 세계로 이끌어주시는 분이다. 대세지보살은 머리에 쓴 화관에 보병이 있다. 깨달음을 추구하면서 이웃과 더불어 사는 사람으로 대승불교가 추구하는 이상형이 보살이다. 아라한은 출가하여 수행하면서 중생을 제도하는 사람으로 전통불교에서 추구하는 이상형이다.

복천사 어기대와 훈민정음 발명은 관계 있을까?

복천사 어기대

복천사 어기대 옆면

복천사 어기대 뒷면

복천사 뜰에 있는 어기대(御旗臺)는 훈민정음 발명과 관계 있을 것이다. 임금의 깃발을 매달 수 어기대가 복천사 뜰에 있다는 것은 신미대사가 훈민정음을 발명하였기 때문일 것이다.

 어기대는 임금을 상징하는 깃발을 단 장대를 꽂는 돌기둥이다. 어기대는 임금이 쓰는 익선관 모양이고, 위에서 아래로 가운데에 홈을 파서 깃대를 꽂게 하였고 깃대를 묶을 수 있게 구멍을 뚫었다. 높이가 70cm, 정면 폭이 51cm, 옆면 폭이 26cm, 장대를 꽂도록 판 홈 너비는 11cm, 장대를 묶을 수 있게 만든 구멍은 지름이 5cm이다.

 어기대는 세종대왕이 복천사를 중창하기 시작한 세종 30년(1448) 무렵에 땅속에 박힌 바위를 다듬어 만들었다. 복천사를 중창하고 극락전에 삼존불을 봉안하고 점안식(點眼式)할 때 세종대왕의 깃발을 어기대에 달았을 것이다.

묘당에 모시자는 것과
훈민정음 발명은 관계 있을까?

서울 종묘 공신당 뒷면

묘당(廟堂)에 신미대사를 모시자는 것과 훈민정음 발명은 관계 있을 것이다. 묘당은 종묘(宗廟)로써 임금의 위패를 모신 정전(正殿)과 나라에 큰 공을 세운 신하들의 위패를 모신 공신당(功臣堂)을 뜻한다. 정조 12년(1788)에 나라에 공을 세운 신하들의 위패를 모신 사당을 '공신들의 사당'이라는 뜻으로 공신당이라 하였다.

사복소윤(司僕少尹) 정효강이 "묘당에 신미대사를 모셔도 부족함이 없다"고 한 내용이 세종실록 세종 28년(1446) 5월 27일에 실려 있다.

소윤 정효강이 항상 간승(간사한 중) 신미를 칭찬하여 말하기를, "우리 화상(신미대사)은 비록 묘당(공신당)에 처하더라도 무슨 부족한 점이 있는가."라고 하였다.

사복소윤(司僕少尹) 정효강은 임금이 타는 가마와 말을 관리하였다. 세종대왕을 가까이 모시면서 신미대사가 훈민정음을 만들어 나라를 돕고 세상을 이롭게 하였음을 알고 묘당에 모셔도 부족함이 없다고 한 것이다.

그러나 유학자인 사관(史官)들은 세종대왕의 총애를 받은 신미대사를 간승(姦僧)으로 표현하였다.

더 알아보기 세종대왕 때 묘당에 모신 분들

세종대왕 때 묘당(공신당)에 모신 신하는 청백리이자 영의정을 지낸 방촌 황희(1363~1452), 북방 개척에 공을 세운 좌의정 최윤덕(1376~1445), 왕실의 의식과 백성들의 상례를 제정한 좌의정 허조(1369~1439), 《고려사》 편찬에 참여한 좌의정 신개(1374~1446), 세종대왕의 스승이자 병조판서를 지낸 이수(1374~1430), 태조 이성계의 딸 경순공주와 결혼한 개국공신 흥안군 이제(?~1398), 효령대군 이보(1396~1486) 등 7명이다.

더 알아보기 정효강

정효강(?~1454)은 세종 19년(1437) 사헌부 지평, 세종 23년(1441) 형조 정랑, 세종 28년 인순부 소윤, 문종 1년(1450) 4월 예종정랑, 그해 5월 지사간원사, 문종 2년(1452) 지병조사, 단종 1년(1453) 2월에 형조참의가 되었다.
세종대왕이 정효강을 평한 내용이 세종 28년(1446) 3월 26일 세종실록에 실려 있다.

내(세종대왕)가 들건대, 정효강이 불교를 좋아하면서 재주와 덕행이 있다고 하는데, 그의 문학은 어떠한가?" 하니,

정효강의 생활 모습이 세종 28년(1446) 10월 15일 세종실록에 실려 있다.

소윤 정효강은 평상시에 집에 있으면서 청정하기를 힘써서 중과 도인과 같았고, 또 안평대군 부인의 종형이 된 이유로써 임금의 지우(남이 자신의 인격이나 재능을 알고 잘 대우하는 것)를 받아, 임금의 뜻을 잘 받들어 상시 흥천사에 있으면서 무릇 불경을 쓰는 여러 가지 일을 모두 주관하였다.

정효강의 생활 모습이 세종 30년 9월 8일 세종실록에 실려 있다.

사복 소윤 정효강과 더불어 눈을 감고 돌올하게 앉아서 종일 밤새 합장하고 불경을 외고 염불을 하며 설법하여 조금도 부끄러워하는 빛이 없었다. 또 항상 대군을 꾀이기를 대학과 중용이 법화경이나 화엄경의 미묘함에 미치지 못한다 하므로, 여러 대군들이 임금에게 충성하는 것이라 여기어 임금이 특별히 정조(政曹)를 제수하라고 명하였는데, 마침 빈자리가 없기 때문에 우선 이 벼슬을 준 것이었다.

정효강을 비난한 내용이 세종실록 세종 28년 5월 27일에 실려 있다.

정효강이 역시 이 회에 참예하였는데, 효강이 성질이 기울어지고 교사하여 밖으로는 맑고 깨끗한 체하면서 안으로는 탐욕을 품어, 무릇 불사에 대한 것을 정성껏 하여 위에 예쁘게 뵈기를 구하고,

> **더 알아보기** **정효강의 집안 형제**

정효강의 할아버지 정흥(1357~1420)은 정진(1378~1418)과 정연(1389~1444) 두 아들을 두었다. 정진과 정연의 자손들은 정치 영향으로 다른 삶을 살게 되었다.

정흥의 첫째 정진은 정효손, 정효순, 정효완, 정효강, 정효전 다섯 아들을 두었다. 다섯째 정효전은 태종의 딸 숙정옹주와 결혼하여 세종 4년(1422)에 일성군에 봉해졌다. 정효전은 1433년 사은사로, 1450년(문종 즉위년) 진하사로 명나라에 다녀온 뒤 병조판서를 거쳐 삼군도진무사가 되었다. 정효전은 올곧아 따르는 무인들이 많았다.

3장 • 신미대사가 훈민정음을 만들었을까?

삼군도진무사인 정효전은 단종 1년(1453) 계유정난이 일어나던 날 병을 핑계로 나가지 않았다. 김종서와 황보인이 살해되자 분을 참지 못하고 주먹으로 가슴을 치다 피를 토하고 죽었다. 이듬해 부관참시를 당하고 관직도 박탈되고 재산도 몰수되었다. 강화부사 정효손은 계유정난 전에 죽었지만, 아들 유석과 신석은 거제와 남해로 유배되었다.

원평부사 정효순은 진도, 아들 석조, 석례, 석지, 석희는 의금부와 거제에 안치되었다. 형조참의 정효강은 외아들 정백지와 함께 처형되고 부인 보배는 화천군 권공의 노비, 부인 효도와 딸 산비는 병조참판 홍달손의 노비가 되었다. 정효강과 아들 정백지는 영월 조사단에 봉안되었다.

장흥부사 정효완은 아들 생과 흥생은 의금부와 외방에 안치되었다.

정효전은 부관참시 되었고 아들 원석은 처형되었다. 후에 정효전은 영월 충신단에, 아들 원석은 조사단에 봉안되었다.

정진의 다섯 아들 집안은 정치에 휘말려 풍비박산되었다.

정홍의 둘째 정연은 딸 셋에 아들 넷을 두었다. 첫째와 둘째는 딸이고 셋째는 판결사 정자원, 넷째는 이조참의 정자양, 다섯째는 호조참판 정자제, 여섯째는 딸이고 막내는 김제군수 정자숙이다. 첫째 딸은 신숙주의 친형인 신중주에게 시집갔고, 둘째 딸은 양촌 권근의 손자이자 계유정난의 1등 공신인 권람의 4촌 권담에게 시집갔다. 정연의 첫째 딸과 둘째 딸이 공신 집안으로 시집간 덕으로 계유정난 때 집안이 무사하였다.

원각선종석보와 훈민정음 발명은 관계 있을까?

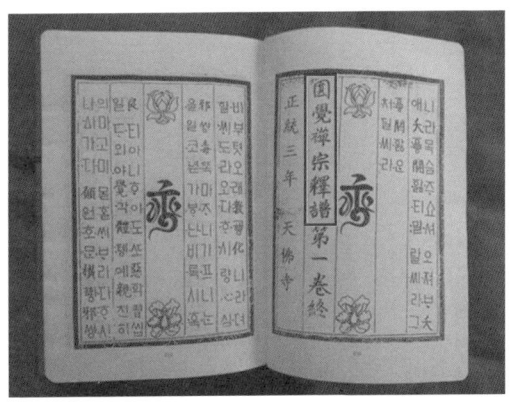

정통 3년(세종 20년, 1438) 원각선종석보(인터넷)

원각선종석보(圓覺禪宗釋譜)와 훈민정음 발명은 관계 있을 것이다. 신미대사가 훈민정음 실험용으로《원각선종석보》를 편찬하였기 때문이다. 원각선종석보(圓覺禪宗釋譜)에서 원각(圓覺)은 부처님의 깨달음을 뜻하고 선종(禪宗)은 불교의 한 갈래인 선종을 뜻한다. 석보(釋譜)는 석가모니부처님의 법을 이은 스님들의 전법 계보를 뜻한다.

노태조(1946~현재) 전 대전보건대교수는 2002년 10월 30일 불교문화학회 추계학술대회에서 원각선종석보를 공개하였다. 원각선종석보는 해인사 지족암의 동곡당 일타(1929~1999) 스님이 중국에서 구해서 복사본 1권을 경상대학교 려증동(1933~현재)에게 기증한 것을 학계에 공개하였다고 하였다.

강상원(1938~현재)은 신미대사가 세조 6년(1461)에 편찬한 《수능엄경언해》와 《원각선종석보》의 훈민정음 음운 표기가 일치한다는 점을 들어 《원각선종석보》를 신미대사가 지었다고 하였다.

《원각선종석보》가 훈민정음을 반포한 시기의 철자법을 따른 것은 신미대사가 편찬하였기 때문이고, 오류는 목판본으로 간행하는 과정에서 발생하였다고 볼 수 있다. 오랜 세월이 지난 후에 《원각선종석보》를 간행하였기 때문에 옛날 목판본 인쇄 양식을 따르지 않았다고 볼 수 있다.

| 더 알아보기 | **천불사** |

원각선종석보를 간행한 천불사는 황해도 장연에 있다. 선조 9년 (만력 4년, 1576) 4월에 목판본으로 《금강경》을 간행한 기록이 있다. 천불사의 기록이 경종실록 경종 2년(1722) 4월 12일에 실려 있다.

황해도 장연 천불사 금불상이 땀을 줄줄 흘리다가 하루를 지나고 그쳤는데 땀이 흐른 자국이 오랫동안 남아 있었다.

천불사 부처님이 영험이 있다는 뜻으로 금불상이 땀을 줄줄 흘렸다는 이야기가 전해졌을 것이다.

신미대사와 김시습

더 알아보기

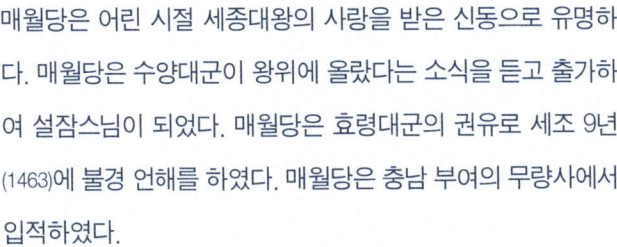

매월당은 어린 시절 세종대왕의 사랑을 받은 신동으로 유명하다. 매월당은 수양대군이 왕위에 올랐다는 소식을 듣고 출가하여 설잠스님이 되었다. 매월당은 효령대군의 권유로 세조 9년(1463)에 불경 언해를 하였다. 매월당은 충남 부여의 무량사에서 입적하였다.

영산 김씨 족보에 '왕왕 여 매월당 김시습종유시 인회이불중성(往往 輿 梅月堂 金時習從遊時 人回以佛中聖)'이 있다. 왕왕(往往)은 가끔이고, 여는 더불어라는 뜻이며, 종유(從遊)는 학식과 덕망이 높은 사람들의 만남을 뜻한다. 인회이불중성은 사람 중에서 부처님과 같은 성인이라는 뜻이다. 이는 매월당이 김시습은 신미대사를 만나면서 신미대사가 부처님과 같은 성인이라고 하였다는 뜻이다.

《매월당집》을 보면 부여 무량사에서 출발하여 속리산 복천사로 가는 곳곳에 시를 남겼다. 매월당은 청주 보살사에서 자고, 청주 상당산성을 올라 경관을 구경한 후, 미원을 거쳐 괴산 청천에 있는 공림사에서 자고 속리산 복천사로 가서 예방하였을 것이다.

더 알아보기 — 정시한의 산중일기

우당 정시한(1625~707)은 1686년 음력 10월 17일에 복천사를 방문하고 산중일기를 지었다.

아침 식사 뒤 달마암을 출발하여 복천사에 도착했는데 약 4리 정도다. 법당과 샘을 둘러보았는데 샘은 청룡변의 바위틈에서 흘러 내려오고 있어 매우 기이했다. 방에 들어가니 지통과 인관 두 노스님이 맞아주었다.

옛 서적을 꺼내어 보여주는데 바로 세조대왕이 신미스님에게 보낸 편지 두 장이었다. 그런데 그 가운데 한 장은 종이가 찢어져 글씨가 없으므로 판별할 수가 없었다. 이것은 판서 김수온이 왕명을 받들어 지은 것이며 불상 권선문도 있었다. 오랫동안 경건히 감상했다.

또한, 스님은 신미스님의 가사와 선의(禪衣)도 꺼내어 보여주었는데, 선의는 화안포로 짙은 홍색을 띠고 있다. 신해년(1671)에 도적이 훔쳐 가면서 불에 던지고 도망갔으나 타지 않았다는 것이다.

지통스님이 음식을 차려주었다. 하가섭암의 각령스님은 스물 여덟 살인데 마침 절에 돌아왔기에 함께 얘기를 나눈 다음 그에게 짐을 짊어지게 하고 함께 복천암을 떠났다. 인관스님이 따라 나왔는데, 동쪽 골짜기에 올라가니 신미와 학조스님의 부도 2 기가 있었다. 잠깐 쉬었다가 곧바로 하가섭암으로 갔다. 그 암 자는 황폐되어 미처 보수하지 않았으므로 유숙할 수가 없었다. 잠시 앉아 있노라니 각령스님이 과일을 먹으라고 주었다.

-정시한의 산중일기-

정시한의 산중일기를 보면 세조대왕이 신미대사에게 보낸 편지, 김수온이 왕명으로 지은 글, 권선문, 신미대사의 가사와 장삼 등이 복천사에 있었다.

4장

언제 훈민정음을
만들기 시작하였을까?

김화 사건과 훈민정음은
관계 있을까?

 진주에서 아들 김화가 아버지를 죽인 김화 사건과 훈민정음은 관계 있을 것이다. 훈민정음은 자식들이 스스로 효행록을 읽고 느껴서 부모를 잘 섬길 수 있게 하려고 만든 문자이기 때문이다.

 김화 사건이 세종실록 세종 10년(1428) 9월 27일에 실려 있다.

 형조에서 보고하기를,
 "진주사람 김화는 제 아비를 죽였사오니, 법률에 따라 능지처참하소서." 하니, 그대로 따랐다. 이윽고 탄식하기를,
 "계집이 남편을 죽이고, 종이 주인을 죽이는 것은 혹 있는 일이지만, 이제 아비를 죽이는 자가 있으니, 이는 반드시 내가 덕이 없는 까닭이로다"라고 하였다.

 세종대왕은 김화 사건을 접하고 '내가 덕이 없어서 일어

났다'고 하였다. 김화는 강상죄로 능지처참하였으나 김화의 가족은 용서하였다.

> **더 알아보기**
>
> ## 강상죄
>
> 강상죄(綱常罪)는 조선에서 가장 큰 형벌이었다. 강상죄는 신하가 임금을, 자식이 부모를, 아내가 남편을, 노비가 주인을, 백성이 고을 원을 해치거나 죽였을 때 적용되었다. 강상죄는 아랫사람이 윗사람을 해치거나 죽였을 때만 적용되었다. 그러나, 임금이 신하를, 아버지가 자식을, 남편이 아내를, 고을 원이 백성을 해치거나 죽인 경우는 강상죄가 적용되지 않았다.
>
> 강상죄에 해당하면 지방 관아에서 처리하지 않고 조정으로 보내 처리하였다. 강상죄는 형조가 임금에게 보고하고 임금은 대신들과 협의하여 강상죄를 처리하였다. 강상죄를 범한 죄인은 능지처참하고, 죄인 집안 식구는 노비로 삼았다. 그리고, 강상죄가 일어난 고을의 수령에게도 책임을 물어 파직시키고 해당 지역도 불이익을 주었다.

삼강행실과 훈민정음은
관계 있을까?

 《삼강행실》과 훈민정음은 관계가 있을 것이다. 김화 사건으로 인해 자식들에게 효를 가르치기 위해 《삼강행실》과 훈민정음을 만들었기 때문이다. 고려 때 간행된 《효행록》을 보고 조선 사람들의 효행을 첨가하여 직제학 설순(?~1435)이 《삼강행실》을 편찬한 내용이 세종실록 세종 10년(1428) 10월 3일에 실려 있다.

 경연에 나아갔다. 임금이 일찍이 진주 사람 김화가 그 아비를 살해하였다는 사실을 듣고, 깜짝 놀라 낯빛을 변하고는 곧 자책하고 드디어 여러 신하를 소집하여 효도와 우애를 돈독히 하고, 풍속을 후하게 이끌도록 할 방책을 논의하게 하니, 판부사 변계량이 아뢰기를,
 "청하옵건대 효행록 등의 서적을 널리 반포하여 항간의 영세민으로 하여금 이를 항상 읽고 외게 하여 점차로 효제와 예의의 마당으로 들어오도록 하소서." 하였다.
 이에 이르러 임금이 직제학 설순에게 이르기를,

"이제 세상 풍속이 척박해지고 나빠져서 심지어는 자식이 자식 노릇을 하지 않는 자도 있으니, 효행록을 간행하여 이로써 어리석은 백성들을 깨우쳐 주려고 생각한다. 이것은 비록 폐단을 구제하는 급무가 아니지만, 그러나 실로 교화하는 데 가장 먼저 해야 할 것이니, 전에 편찬한 24인의 효행에다가 또 20여 인의 효행을 더 넣고, 전조(고려)와 및 삼국시대의 사람으로 효행이 특이한 자도 또한 모두 수집하여 한 책을 편찬해 이루도록 하되, 집현전에서 이를 주관하라." 하니,

《삼강행실》과 훈민정음은 자식들에게 효를 가르치기 위해 만들어졌다는 공통점이 있다. 그러나 《삼강행실》은 기록이 잘 되어있지만 훈민정음은 기록이 부족하다.

더 알아보기 — 효행록

중국의 유명한 효자 이야기를 글로 쓰고 그림을 넣어 아이들이 노래로 부르면서 외울 수 있게 한 목판본 설화집이 《효행록》이다.

《효행록》은 고려 충목왕 때 권보(1262~1346)와 아들 준(1281~1352)이 간행하였다. 아들 권준은 아버지가 늙자 화가에게 부탁하여 효에 관한 24장면의 그림을 그려서 익제 이제현(1287~1367)에게 주고 글을 지어 달라고 부탁하여 12수의 글을 받아 엮었다. 아들의 뜻을 가상히 여긴 아버지 권보는 효행 38편을 고르고 익제 이제현에게 부탁하여 8수의 글을 받아 엮었다.

세종대왕의 명을 받은 직제학 설순은 내용을 보완하고 권근(1352~1409)의 발문을 달아 세종 10년(1428)에 다시 《효행록》을 편찬하였다.

《민속문화대백과사전》

언제 삼강행실을
편찬하였을까?

《삼강행실》은 집현전 직제학 설순이 세종 10년(1428) 10월 3일에 시작하여 3년 8개월 동안 자료를 모아 세종 14년(1432) 6월 9일에 편찬하였다. 편찬은 자료를 모으고 글을 써서 한 권의 책을 만드는 일이고, 간행은 목판이나 활자로 인쇄하여 여러 권의 책을 만드는 일이다.

《삼강행실》의 편찬이 세종실록 세종 14년 6월 9일에 실려 있다.

집현전에서 새로 삼강행실을 편찬하여 올리었다.

삼강(三綱)과 행실(行實)을 합쳐 삼강행실이라 하였다. 삼강(三綱)은 임금과 신하, 아버지와 자식, 남편과 아내의 윤리를 말한다. 신하가 임금을 어떻게 섬기는지, 자식이 부모를 어떻게 섬기는지, 아내가 남편을 어떻게 섬기는지를 알려주는 유교적 행동 지침이다. 행실(行實)은 사람들이 행동하고 실천하는 사회적 윤리를 뜻한다. 자식들에게 유교의 가치관을 교육하기 위해 만든 윤리 교재가 《삼강행실》이다.

더 알아보기 — 설순

세종실록 세종 7년(1425) 1월 16일에 따르면 직제학 설순의 선조는 중앙아시아의 위구르 지역에 살다 고려로 귀화하였다.

세종실록에 따르면 설순은 성품이 질박하고 성실하여 거짓이 없고, 사물을 잘 기억하였다고 하였다. 책을 많이 읽어 역사학에 밝았으며 여러 분야에 재주가 뛰어나서 세종대왕이 존중하였다는 것이다.

설순은 태종 8년(1408)에 과거에 급제하고 세종 2년(1420)에 집현전 교리, 세종 3년(1421)에 좌시경이 되었다. 세종 9년(1427)에 효행록을 고쳐 썼고, 세종 13년(1431)에 집현전 부제학이 되었다. 세종 14년(1432)에 《삼강행실》을 편찬하고, 세종 16년(1434)에 윤회 등과 《자치통감훈의》를 편찬하였다. 세종 17년(1435)에 동지중추원사가 되었다.

《민속문화대백과사전》

언제 삼강행실을
간행하였을까?

설순이《삼강행실》을 편찬하고 2년 가까이 지나서 간행되었다.《삼강행실》을 간행한 내용이 세종실록 세종 16년(1434) 4월 27일에 실려 있다.

이제 내가 집현전 학자에게 명하여 고금의 사적을 편집하고 아울러 그림을 붙여 만들어 이름을 '삼강행실'이라 하고, 인쇄하게 하여 서울과 외방에 널리 펴고 학식이 있는 자를 선택하여 항상 가르치고 지도하여 일깨워 주며, 장려 권면하여 어리석은 백성들이 모두 알아서 그 도리를 다하게 하고자 하는데 어떻겠는가?

세종 14년(1432) 6월 9일에 편찬한《삼강행실》이 2년 가까이 지난 세종 16년 4월 27일에 〈삼강행실효자〉, 〈삼강행실충신〉, 〈삼강행실열녀〉 3권 1책의 목판본으로 간행되었다.

삼강행실에 넣은 그림과 훈민정음은 관계 있을까?

《삼강행실》에 넣은 그림과 훈민정음과 관계 있을 것이다. 자식들은 그림이 있다 하여도 한문으로 쓰인 《삼강행실》의 내용을 알 수 없지만, 《삼강행실》이 훈민정음으로 쓰였다면 자식들이 스스로 읽고 내용을 알 수 있기 때문이다. 그림을 넣어 《삼강행실》을 간행한 내용이 세종실록 세종 16년(1428) 4월 27일에 실려 있다.

아울러 시찬(詩贊, 시를 지어 찬양함)을 저술하려 편집하였으나, 오히려 어리석은 백성들이 아직도 쉽게 깨달아 알지 못할까 염려하여, 그림을 붙이고 이름하여 삼강행실이라 하고, 인쇄하여 널리 펴서 거리에서 노는 아이들과 골목 안 여염집 부녀들까지도 모두 쉽게 알기를 바라니, 펴 보고 읽는 가운데에 느껴 깨달음이 있게 되면, 인도하여 도와주고 열어 지도하는 방법에 있어서 도움 됨이 조금이나마 없지 않을 것이다.

《삼강행실》에 그림이 삽입되어 있어 〈삼강행실도〉라 하였다.

언제 삼강행실을 각도에 나눠주었을까?

세종 16년(1428) 4월 27에 7개월이 지난 후에 각도에 《삼강행실》을 나눠주었다는 내용이 세종 16년 11월 24일 세종실록에 실려 있다.

삼강행실을 종친과 신하들에게 내려주고, 또 여러 도에 내려주었다.

세종대왕은 《삼강행실》을 종친과 신하들에게 나눠주고 각 도에 보냈다. 그러나 고을마다 《삼강행실》을 배부하지는 못했을 것이다.

삼강행실을 가르치는 것과 훈민정음은 관계 있을까?

《삼강행실》을 가르치는 것은 훈민정음과 관계 있을 것이다. 자식들에게 《삼강행실》을 가르치려면 학자를 구해서 일일이 가르쳐야 하는데 훈민정음으로 쓰였다면 자식들이 스스로 읽고 효를 실천할 수 있기 때문이다.

세종대왕이 《삼강행실》을 가르치라 한 내용이 세종실록 세종 16년(1434) 4월 27일에 실려 있다.

서울의 한성부 오부와 외방의 감사·수령은 널리 학식이 있는 자를 구하여 두터이 장려하도록 하되, 귀천을 말할 것 없이 항상 가르치고 익히게 하여, 부녀까지도 촌수가 가까운 일가에게 정성껏 가르쳐 분명히 깨달아 모두 다 알도록 하고, 입으로 외우고 마음으로 생각하여 아침에 더하고 저녁에 진취하여, 그 천성의 본연을 느껴서 드러내지 못하는 자가 없게 되면, 아들 된 자는 효도할 것을 생각하고, 신하 된 자는 충성을 다할 것을 생각하며, 남편 된 자와 아내 된 자도 모두 자기의 도리를 다하게 되어, 사람들은 의리를 알고 스스로 새롭게 하려는 뜻을 키울 것이니, 교화가 행하여지고 풍속이 아름다워져서 더욱 정치로 다스려지는 세상에 이르게 될 것이매, 오직 너희 예조는 나의 지극한 마음을 몸받아 두루 다 알려서 깨달아 알아듣도록 하라고 하였다.

그러나, 자식들에게 《삼강행실》을 가르치지 않았다는 것을 알 수 있는 내용이 세종실록 세종 26년(1444) 2월 20일에 실려 있다.

정창손은 말하기를, 삼강행실을 반포한 후에 충신·효자·열녀의 무리가 나옴을 볼 수 없는 것은, 사람이 행하고 행하지 않는 것이 사람의 자질 여하에 있기 때문입니다. 어찌 꼭 언문으로 번역한 후에야 사람이 모두 본받을 것입니까?

집현전 응교 정창손(1402~1487)이 '효는 사람의 자질 여하에 있다' 고 한 것은 '교육해서 될 일이 아니라' 는 뜻이다. 달리 말하면 '자질 여하에 있다' 는 말은 '자식들에게 삼강행실을 가르치지 않았다' 는 것을 뜻하는 말이기도 하다.

더 알아보기 — 정창손

정창손(1402~1487)은 문장과 글씨에 뛰어났다. 세종 25년(1443)에 집현전 응교로 훈민정음 반포를 반대하였다. 세종 31년(1448)에 집현전 부제학이 되었고 이듬해 《고려사》, 세종실록, 《치평요람》편찬에 참여하였다. 문종 즉위년(1451)에 대사헌이 되었고 문종이 죽고 나서 문종실록 편찬에 참여하였다. 세조 1년(1455)에 우찬성으로 세자 좌빈객을 겸하여 세자를 가르쳤다.

성삼문, 박팽년, 이개, 하위지, 유성원, 유응부, 단종의 외숙인 권자신, 김질 등이 단종 복위를 모의하였다. 세조 2년(1456)에 김질(1422~1478)은 단종 복위가 여의치 않자 장인인 정창손에게 이 사실을 알렸다. 정창손은 세조대왕에게 역모 사건을 알린 공으로 부원군에, 김질은 상락군에 봉해졌다. 그 후 세조대왕의 신임을 얻어 우의정과 영의정으로 승진하고 청백리로 선정되었다.

《한국민족문화대백과사전》

세종대왕 때
삼강행실을 번역하였을까?

응교 정창손은 꼭 언문으로 《삼강행실》을 번역한 후에야 백성들이 본받을 것이냐고 반문하였다. 이는 《삼강행실》을 번역할 필요가 없다는 뜻이자 《삼강행실》 번역에 대한 집현전 학자들의 반대 의사를 전달한 것일 수도 있다.

세종대왕 때 《삼강행실》을 번역하지 못한 원인이라고 볼 수 있는 내용이 세종실록 세종 26년(1444) 2월 20일에 실려 있다.

정창손은 말하기를, "삼강행실을 반포한 후에 충신·효자·열녀의 무리가 나옴을 볼 수 없는 것은, 사람이 행하고 행하지 않는 것이 사람의 자질 여하에 있기 때문입니다. 어찌 꼭 언문으로 번역한 후에야 사람이 모두 본받을 것입니까."라고 하였다.

"이따위 말이 어찌 선비의 이치를 아는 말이겠는가. 아무 짝에도 쓸데없는 용속(저속한)한 선비이다." 하였다.

세종대왕 재임 기간에 《삼강행실》을 번역하지 못한 원인은 집현전 학자들이 한문으로 된 《삼강행실》을 굳이 훈민정음으로 번역할 뜻이 없었기 때문일 것이다.

언제 삼강행실을
번역하였을까?

 어우동 사건은 《삼강행실》을 번역하는 계기가 되었다. 어우동 사건이 성종실록 성종 11년(1480) 7월 9일에 실려 있다.

 의금부에서 아뢰기를,
 "방산수 이난과 수산수 이기가 어을우동(어우동)이 태강수의 아내였을 때에 간통한 죄는, 율이 곤장 1백 대, 노동하면서 복역하는 도 3년과 임명장인 고신을 모조리 빼앗는 벌에 해당합니다."라고 하니,
 명하여 장 대신에 물질로 배상하게 하고, 조정에서 내리는 벼슬 임명장을 거두고서 먼 지방에 거주지를 한정하여 귀양살이시켰다.

 성종(1457~1494)은 여성들의 정조를 강조하고 재혼을 금지하는 재가금지법을 성종 8년(1477)에 반포하고, 성종 11년(1480)에 일어난 어우동 사건을 계기로 여성의 기강을 확립하고자 하였다. 어우동 사건은 남녀 차별의 변곡점이 되었다.

대신들은 어우동에게 간통죄를 적용해야지 강상죄를 적용함은 부당하다고 하였다. 그러나 성종은 강상죄를 적용하여 성종 11년(1480) 10월 18일에 처형하였다. 사간원에서 어우동과 어울린 사대부도 벌하자고 청하였으나 면죄되고 일부는 승진까지 하였다. 실질적으로 어우동은 강상죄가 아니어서 그 가족은 무사할 수 있었다.

 어우동 사건 후인 성종 12년(1481)에《삼강행실》열녀 1권을 번역하였다. 그리고 성종 21년(1500)에《삼강행실》3권을 번역하였다. 직제학 설순이《삼강행실》을 편찬하고 68년 만에 번역되었다.

더 알아보기 — 어우동

본관이 음성인 어우동은 승문원 지사 박윤창의 딸로 태어나 효령대군의 손자 태강수 이동에게 시집갔다. 남편 이동은 기생 연경비와 눈이 맞아 어우동을 멀리하고 어우동이 계집종처럼 꾸미고 밖에 나가 은그릇을 만드는 장인과 간통했다고 모함하여 쫓아냈다. 시인이자 서예가이고 거문고 연주자인 어우동은 시집에서 쫓겨나 서울에 살면서 왕족과 사대부 등과 어울려 풍류를 즐겼다. 사대부와 왕족은 어우동과 어울리는 것을 자랑으로 여겼다.

의금부에서 풍기문란죄로 상소하여 성종 11년(1479) 6월 13일에 어우동은 방산수 이난(1460~?)과 함께 체포되었다. 방산수 이난은 세종대왕의 서자였던 계양군 이증(1427~1464)의 서자로 태어났다. 방산수 이난은 어우동에게 세종대왕 때 유감동은 관계한 남자들의 이름을 대서 중죄를 면하고 간통죄로 처리되었다고 하였다. 어우동은 어울린 남자들의 이름을 밝혔으나 왕족과 사대부들은 그런 일이 없다고 잡아떼었다. 그러나 방산수 이난은 그런 일을 인정하고 어우동의 재주가 아까우니 석방해 달라는 상소를 올렸다.

《한국민속문화대백과사전》

더 알아보기 　유감동

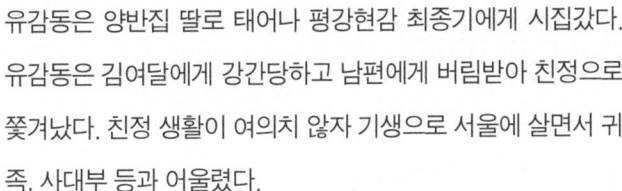

유감동은 양반집 딸로 태어나 평강현감 최종기에게 시집갔다. 유감동은 김여달에게 강간당하고 남편에게 버림받아 친정으로 쫓겨났다. 친정 생활이 여의치 않자 기생으로 서울에 살면서 귀족, 사대부 등과 어울렸다.

사헌부에서 유감동을 풍기 문란으로 상소하자 세종대왕은 이를 간통으로 처리하고 관비로 보냈다가 세종 10년(1428) 윤 4월 1일에 죄를 면하여 먼 지방에서 살게 하였다.

《한국민속문화대백과사전》

더 알아보기 — 조선의 형벌 제도

조선의 형벌 제도는 태형, 장형, 도형, 유형, 사형이 있었다. 태형(笞刑)은 가벼운 죄를 지은 죄인의 볼기를 때리는 형벌이다. 볼기를 때리는 도구가 곤장이다. 태형은 다섯 등급으로 나눠 물푸레나무로 만든 곤장으로 엉덩이를 10대에서 50대까지 때린다. 물품이나 돈으로 태형을 대신할 수 있었다. 조선시대 말에 태형이 폐지되었으나, 일제강점기 때 조선 사람에게만 적용하는 조선태형령을 시행하였다.

장형(杖刑)은 태형보다 무거운 죄를 지은 죄인을 곤장으로 때리는 형벌이다. 다섯 등급으로 나누어 곤장으로 60~100대까지 때린다. 곤장 10대를 맞으면 살점이 떨어져 나가고 한 달이 지나야 겨우 회복되었다. 곤장을 칠 때 부녀자는 옷을 벗기지 않았지만 간음한 여자는 옷을 벗기고 때렸다. 15세 이하의 어린이, 70세 이상의 노인, 폐병에 걸린 사람, 임신부는 곤장 대신 벌금을 물렸다. 갑오경장 이듬해인 1895년에 장형이 폐지되었다.

도형(徒刑)은 중죄를 범한 죄인에게 징역을 살게 하고 일을 시키는 형벌이다. 곤장 60에서 최대 100대를 맞고 죄질에 따라 1년에서 3년까지 징역을 살렸다. 복역 중 병이 난 사람에게는 병가를 주고, 역모죄가 아니라면 부모상을 당한 죄인에게 상을 치르게 하였다. 조선시대 관가에 식량이 부족하여 곤장을 때려 내보내는 경우가 많았다.

유형(流刑)은 중한 죄를 지은 죄인을 먼 지방으로 보내 죽을 때까지 살도록 하는 형벌이다. 유배지로는 함경도, 평안도가 가장 많았고, 경상도, 전라도 등이 다음이었다. 제주도, 거제도, 진도, 추자도로 보내기도 하였다. 유형을 받은 죄인은 바깥출입을 하지 못하였다. 유형은 본향안치, 절도안치, 위리안치, 천극안치로 구분하였다.

본향안치는 비교적 죄가 가벼운 경우 본인의 고향에서 유배 생활을 하는 형벌이다. 왕족이나 고위 관리에 해당하는 형벌이다.
절도안치는 육지와 멀리 떨어진 섬에 죄인을 유배시켜 홀로 생활하게 하는 형벌이다.
위리안치는 거주지를 제한하기 위해 집 둘레에 탱자나무를 심어 밖으로 출입하지 못하게 한 형벌로 10일에 한 번 음식을 넣어주면서 대문을 밖에서 잠그고 담장 안에 우물을 파서 생활하게 하였다.
천극안치는 위리안치된 죄인의 방에 탱자나무 가시를 둘러서 방에서만 생활하게 하는 형벌이다.

사형(死刑)은 죄인의 목숨을 끊는 형벌이다. 목을 매는 교형, 칼로 목을 베는 참형, 사지를 찢는 능지처참, 머리를 베어 길거리에 매달아 공개하는 효수가 있다. 동학혁명에 가담한 사람들은 대부분 효수되었다.

사약은 죄인을 죽이는, 임금이 내린 약이다. 죄인은 사약을 받으면 임금이 있는 북쪽을 향해 4번 절하고 마셨다. 북쪽을 향해 절하는 이유는 항상 임금은 남쪽을 향해 앉아 있다고 여겼기 때문이다.

왜 삼강행실을 보완하여
계속 간행하였을까?

조선 시대 황폐해진 풍속을 순화하고 민심을 달래기 위해서 계속《삼강행실》을 보완하여 간행한 것이다.

《속삼강행실》은 중종(1488~1544)이 연산군 시절 피폐해진 민심을 달래고자《삼강행실》을 보완하여 편찬한 책이다. 신용개(1463~1519)가 중종 9년(1514)에 편찬하고, 위 여백에 훈민정음 번역을 삽입하여 중종 19년(1514)에 간행하였다. 효자 33명, 충신 35명, 형제 24명, 종족 7명, 친구 11명, 스승과 제자 5명 등 150명이 실려 있다. 조선 사람은 효자 4명, 충신 7명, 열녀 6명 등 17명이 포함되었다.

규장각 직제학 이만수는 "《속삼강행실도》는 순결한 행실과 아름다운 절개를 싣고 뛰어난 공적과 거룩한 일만을 취한 다음, 글로 기록하고 그림으로 형용하여 백성들이 책을 펴서 눈으로 한 번만 보아도 그 감동된 마음과 애절한 심경이 자연히 생기게 하였다."라고 극찬하였다.

《이륜행실도》는 김안국(1478~1543)이 윗사람에 대한 예절, 친구와의 예절에 관한 모범 사례를 뽑아 이야기로 엮은 책으로 경연에서 중종에게 강의하였으나 경상도관찰사로 전임하게 되어 조신(1454~1529)이 편찬을 마무리하였다. 영조 6년(1730)에 목판본으로 《이륜행실도》를 간행하였다.

《동국삼강행실》은 광해군(1575~1641)이 임진왜란을 겪으면서 민심을 달래고 충성심을 유발하고자 조선의 충신·효자·열녀 등을 중심으로 편찬하게 하였다. 홍문관 부제학 이성 등이 광해군 9년(1617년)에 〈효자도〉 8권 8책, 〈충신도〉 1권 1책, 〈열녀도〉 8권 8책 등 총 18권 18책의 목판본으로 편찬하였다. 전라도에 6책, 경상도에 4책, 충청도에 4책, 황해도에 3책, 평안도에 1책씩 분담하여 간행하였다.

《오륜행실도》는 정조 21년(1797)에 심상규(1766~1838), 이병모(1742~1806) 등이 5권 4책으로 편찬하였다. 《오륜행실도》는 장면마다 그림이 있고, 그림을 한문으로 설명하고, 한문을 훈민정음으로 번역하였다. 《오륜행실도》는 철종 10년(1859)에 목판본으로 간행되었다.

언제 훈민정음을 만들기 시작하였을까?

훈민정음은 자식들에게 효를 가르치기 위해 읽기 쉽고 쓰기 쉬운 소리글자로 만들었기 때문에 훈민정음을 만들기 시작한 시기는 아버지를 죽인 폐단을 구제하기 위해 대책을 협의할 때라고 볼 수 있다.

훈민정음을 만들기 시작한 시기를 짐작할 수 있는 내용이 세종실록 세종 10년(1428) 10월 3일에 실려 있다.

> 이에 이르러 임금이 직제학 설순에게 이르기를,
> "이제 세상 풍속이 척박해지고 나빠져서 심지어는 자식이 자식 노릇을 하지 않는 자도 있으니, 효행록을 간행하여 이로써 어리석은 백성들을 깨우쳐 주려고 생각한다. 이것은 비록 폐단을 구제하는 급무가 아니지만, 그러나 실로 교화하는 데 가장 먼저 해야 할 것이니,"

세종대왕은 대신들과 아들이 아버지를 죽인 폐단을 구제하기 위한 대책을 논의하였다. 세종대왕은 판부사 변계량

(1369~1430)이 《효행록》을 간행하자는 의견을 받아들였으나 《효행록》 간행이 폐단을 구제하는 급무가 아니라고 하였다. 《효행록》 간행이 폐단을 구제하는 급무가 아니라고 한 이유는 한문으로 된《효행록》은 자식들에게 소용이 없었기 때문이다.

  폐단을 구제하는 급무는 자식들이 부모를 잘 섬기는 일이다. 자식들이 효를 알아야 부모를 잘 섬길 수 있고, 효를 알려면 스스로 《효행록》을 읽어야 한다. 자식들이 《효행록》을 읽으려면 읽고 쓰기 쉬운 훈민정음이 필요한 것이다. 그래서 폐단을 구제하는 급무가 훈민정음이라고 할 수 있다.

  훈민정음을 만들기 시작한 시기는 세종대왕과 대신들이 경연장에서 폐단을 구제하기 위해 대책을 협의할 때인 세종 10년(1428) 10월 3일인 것이다.

너 사랑믿
숨고 썩은 사 밭 갈
중에 홀 너 그로 세볼갚은
녹 안 거 놀그제 삼 이설 은
수 방 한 단 이러 후 들 라 밭
시르다 약 자 히 다 시 니
논 향 으로 향 슬 그 하
녀 내 상 으로 갈

5장

언제 훈민정음을
반포하였을까?

제 자와 훈민정음 반포는 관계 있을까?

제(制) 자와 훈민정음 반포는 관계 있을 것이다. 훈민정음과 관련하여 반포라는 뜻으로 제(制) 자를 사용하였기 때문이다.

① 상친제(上親制): 세종실록 세종 25년(1443) 12월 30일에 상친제(上親制) 언문 28자라 하였다.

② 제작언문(制作諺文): 세종실록 세종 26년(1444) 2월 20일에 집현전 학자 김문이 제작언문(制作諺文)이 가능하다고 하였다.

③ 신제(新制): 세종실록 세종 28년(1446) 9월 29일에 실린 세종어제에 "신제(新制) 28자"라 하였다.

④ 창제(創制): 세종실록 세종 28년(1446) 9월 29일에 실린 정인지 서문에 "아전하(我殿下) 창제(創制) 정음 28자"라 하였다.

훈민정음과 관련하여 제(制)가 중요하므로 옥편을 이용하여 제 자의 뜻을 찾아보았다.

제(制) 자의 뜻

차례	뜻	차례	뜻
①	마를 제 : 치수에 맞추어 베고 자름	⑧	맡을 제 : 주관함
②	오로지할 제 : 자기 생각대로 처리함	⑨	존절할 제 : 정도에 맞게할 제
③	만들 제, 지을 제 : 만든다	⑩	정할 제 : 법 등을 제정함
④	금할 제 : 금지함	⑪	분부 베 : 명령
⑤	누를 제 : 억압함	⑫	법 제 : 법도, 규칙
⑥	부릴 제 : 부림, 지배함	⑬	구실 제 : 직분
⑦	바로 잡을 제 : 바르게 함	⑭	칙서 제 : 칙명을 전하는 문서

옥편에 제 자의 뜻은 훈민정음을 '만들었다' 는 뜻과 '반포하였다' 는 뜻이 포함되어 있다. 그러나 상친제(上親制), 신제(新制), 창제(創制), 제작언문(制作諺文) 등과 비교해 보면 제(制) 자는 '반포' 라는 뜻임을 알 수 있다.

상친제와 훈민정음 반포는 관계 있을까?

세종실록의 훈민정음에 관한 첫 기록인 상친제(上親制)와 훈민정음 반포는 관계 있을 것이다. 상친제는 세종대왕이 친히 훈민정음 28자를 세종 25년(1443) 12월 30일에 반포하였다고 한 기록이기 때문이다.

훈민정음의 첫 기록인 상친제가 세종실록 세종 25년 12월 30일에 실려 있다.

이달에 우리 임금께서 친히 언문(훈민정음) 28자를 제정하였다(是月 上親制 諺文 28字). 그 글자가 옛 전자를 모방하고, 초성·중성·종성으로 나누어 합한 연후에야 글자를 이루었다. 무릇 문자에 관한 것과 사투리, 속어 등에 관한 것을 모두 쓸 수 있고, 글자는 비록 간단하지마는 전환하는 것이 무궁하니, 이것을 훈민정음이라고 일렀다.

상친제를 풀이하면 상(上)은 임금을 뜻하고, 친(親)은 '몸소, 친히'로 임금 자신을 뜻하며 제(制)는 '만들다, 반포한다'는 뜻이 있다. 상친제만으로는 세종대왕이 훈민정음을 만들었는지 반포하였는지 알 수 없다. 그러나 훈민정음과 관련된 제작언문(制作諺文), 신제(新制), 창제(創制)에서 제(制) 자가 반포라는 뜻으로 사용되었으므로 상친제도 세종대왕이 친히 반포하였다는 뜻으로 사용된 것이다.

신제와 훈민정음 반포는 관계 있을까?

세종어제(世宗御製) 서문에 있는 신제(新制)와 훈민정음 반포는 관계 있을 것이다. 세종어제 서문에 '신제 28자'라고 한 것은 세종 25년(1443) 12월 30일에 훈민정음 28자를 반포하였다고 세종대왕이 밝힌 것이기 때문이다.

어제(御製)는 '임금이 지은 글'이라는 뜻이다. 임금의 뜻을 받들어 집현전이나 예문관에서 글을 짓고 임금의 재가를 얻어 발표하면 어제다. 세종어제 서문에서 신제라 한 내용이 세종실록 세종 28년(1446) 9월 29일에 실려 있다.

국지어음(國之語音) 이호중국(異乎中國) 여문자(與文字) 불상유통(不相流通) 고(故) 우민(愚民) 유소욕언(有所欲言) 이종(而終) 부득(不得) 신기정자(伸其情者) 다의(多矣) 여(予) 위차민연(爲此憫然) 신제(新制) 28자(二十八字) 욕사인이습(欲使人易習) 편어일용이(便於日用耳)

세종대왕이 훈민정음을 만들었는지 반포했는지 알 수 있는 중요한 단어가 신제이므로 옥편을 이용하여 뜻을 알아보았다.

① 새로운 제도
② 새로운 체제

옥편에 신제는 '새로운 제도', '새로운 체제'라 하였다. 반포하면 새로운 제도나 새로운 체제가 되므로 신제는 반포라는 뜻인 것이다.

창제와
훈민정음 반포는 관계 있을까?

정인지 서문의 "아전하(我殿下) 창제(創制)"와 훈민정음 반포는 관계있을 것이다. 정인지가 "아전하 창제"라고 한 것은 훈민정음을 세종 25년(1443) 12월 30일에 반포하였다는 뜻이기 때문이다.

정인지가 "아전하 창제"라 한 내용이 세종 28년(1446) 9월 29일 세종실록에 실려 있다.

계해년(세종 25년, 1443) 겨울(음 12월 30일), 나의 전하께서 정음 28자를 창제(創制)하였다.

창제는 세종대왕이 훈민정음을 만들었는지 훈민정음을 반포하였는지를 밝히는 중요한 단어가 '창제'이므로 옥편을 이용하여 뜻을 찾아보았다.

① 창건(創建)하여 다스림
② 제도(制度)를 만듦

옥편에 창제의 뜻은 '창건하여 다스린다, 제도를 만든다'는 뜻이다. 세종대왕이 창건하여 다스릴 일은 없으므로 제도를 만든다는 뜻이다. 반포해야 제도가 만들어지므로 창제는 반포라는 뜻인 것이다.

그러므로 세종대왕이 훈민정음을 창제하였다는 것은 세종대왕이 세종 25년(1443) 12월 30일에 훈민정음을 반포하였다는 뜻이다.

제작언문과
훈민정음 반포는 관계 있을까?

 집현전 직전 김문(?~1448)이 '제작언문(制作諺文)이 불가할 것은 없다'고 한 것은 훈민정음 반포와 관계 있을 것이다. 김문이 세종대왕에게 '제작언문이 불가할 것은 없다'고 대답한 것은 세종 25년(1443) 12월 30일에 훈민정음을 반포할 수 있다는 뜻으로 한 말이기 때문이다.

 김문이 말한 제작언문이 세종 26년(1444) 2월 20일 세종실록에 실려 있다.

임금이 말하기를,
"전번에 김문(집현전 직전)이 아뢰기를,
'언문을 제작(制作諺文)함에 불가할 것은 없습니다.' 하였는데, 지금은 도리어 불가하다 하고,"

 제작언문(制作諺文)이란 훈민정음을 제작(制作)한다는 뜻이다. 제작의 뜻을 밝히기 위해 옥편을 이용하여 알아보았다.

① 정(定)하여 만듦
② 생각하여 정(定)함
③ 예술 작품을 만듦
④ 작품(作品)

옥편에서 제작의 뜻은 여러 가지가 있다. 그러나 집현전 직전 김문이 대답한 정황을 볼 때 제작은 반포라는 뜻임을 알 수 있다.

세종대왕이 김문에게 훈민정음 반포에 대한 의견을 묻자 김문은 '제작언문이 불가할 것은 없다'고 대답한 것은 훈민정음을 만들 수 있다는 뜻으로 한 말이 아니라 훈민정음을 반포할 수 있다는 뜻으로 한 말이다.

임금을 속인 죄와
훈민정음 반포는 관계 있을까?

집현전 직전 김문이 말을 바꿔 임금을 속인 죄를 범하게 된 것은 훈민정음 반포와 관계 있을 것이다. 직전 김문이 임금을 속인 죄를 범한 것은 세종 25년(1443) 12월 30일에 훈민정음을 반포하였기 때문이다.

직전 김문이 앞뒤에 말을 바꾼 사유를 조사하라는 내용이 세종실록 세종 26년(1444) 2월 20일에 실려 있다.

"김문이 앞뒤에 말을 바꾸어 계달한 사유를 국문하여 아뢰라." 하였다.

의금부에서 김문을 조사한 내용이 세종실록 세종 26년 2월 21일에 실려 있다.

의금부에서 조사하여 아뢰기를,
"김문은 율(법)이 대제상서사불이실(임금을 속인 죄)에 해당하오니, 장(곤장) 1백 대에 도(징역) 3년을 처하소서." 하니, 다

만 장(곤장) 1백 대를 벌금으로 대신 바치게 하였다.

직전 김문은 세종대왕이 물을 때는 '훈민정음 반포가 가능하다'고 대답했다가 훈민정음 반포를 반대하여 임금을 속인 대제(對制)를 범하고, 최만리의 상소에 동참하여 문서로써 임금을 속인 상서(上書)를 범하게 된 것이다.

극욕광포와
훈민정음 반포는 관계 있을까?

최만리가 극욕광포(劇欲廣布)라고 한 것은 훈민정음 반포와 관계 있을 것이다. 최만리가 상소에서 극욕광포라 한 것은 세종 25년(1443) 12월 30일 이후 훈민정음을 보급하기 위해 궁중에서 일어난 일들을 가리키는 말이기 때문이다.

최만리가 상소에서 극욕광포라고 한 내용이 세종실록 세종 26년(1444) 2월 20일에 실려 있다.

갑자기 관아에 있는 아전 10여 인에게 가르쳐 익히게 하며, 또 가볍게 옛사람이 이미 이룩한 운서(중국의 한자를 성조별로 모은 책, 고금운회거요)를 고치고 근거 없는 언문으로 번역하여 장인 수십 인을 모아 목판에 글자를 새겨서 급하게 널리 반포(극욕광포)하시니, 천하 후세의 공의에 어떠하겠습니까?

극(劇)은 지나치다, 심하다는 뜻이고, 욕(欲)은 무엇을 하고자 한다는 뜻이며, 광(廣)은 넓다는 뜻이고, 포(布)는 알리거나 퍼뜨린다는 뜻이다. 따라서 극욕광포는 훈민정음 반포를 널리 알리고자 심하게 노력한다는 뜻이다.

선갑선경과
훈민정음 반포는 관계 있을까?

 최만리의 상소에서 선갑선경(先甲先庚)이라고 한 것과 훈민정음 반포는 관계 있을 것이다. 최만리는 세종 25년(1443) 12월 30일 훈민정음을 반포할 때 적법한 절차를 밟지 않았다는 뜻으로 법령 제정에 사용하는 선갑선경이라는 용어를 썼기 때문이다.

 최만리가 선갑선경이라 한 내용이 세종실록 세종 26년(1444) 2월 20일에 실려 있다.

 나라 사람이 모두 옳다 하여도 오히려 선갑선경(미리 세상에 법령을 알림) 하고도 다시 세 번을 더 생각하여,

 선갑선경은 선갑(先甲)과 선경(先庚)이 합쳐진 말이다. 나라에서 어떤 제도를 시행할 때에 쓰는 용어로《주역(周易)》에 나온다.

 선갑(先甲)에서 선(先)은 법을 만들기 전이고, 갑(甲)은 법령을 만드는 것이다. 선갑은 새로운 제도나 법령을 제정하고 반포하기 전에 폐단은 없을지, 오래 시행할 수 있을지 등을 신중하게 살펴서 제정해야 한다는 뜻으로 사용한다.

선경(先庚)은 선갑과 비슷한 뜻이다. 선갑은 법을 시행하기 전에 쓰고 선경은 법을 시행하는 과정에 쓴다. 선경은 백성들이 새로운 법에 익숙해지려면 반포하기 전 3일 동안 미리 잘 알리고 반포한 뒤에도 3일 동안 잘 살핀 다음 시행해야 한다는 뜻이다.

약행언문과
훈민정음 반포는 관계 있을까?

최만리의 상소에서 언문을 시행한다는 뜻으로 약행언문(若行諺文)이라 한 것은 훈민정음 반포와 관계 있을 것이다. 최만리가 약행언문이라 한 것은 세종 25년(1443) 12월 30일에 훈민정음을 반포하여 시행하고 있다는 것을 뜻하기 때문이다.

최만리가 약행언문이라 한 내용이 세종실록 세종 26년(1444) 2월 20일에 실려 있다.

만약에 언문을 시행하오면 관리된 자가 오로지 언문만을 습득하고 학문하는 문자를 돌보지 않아서 이원(하급관리와 고급관리)이 둘로 나뉘어질 것이옵니다. 진실로 관리 된 자가 언문을 배워 통달한다면, 후진이 모두 이러한 것을 보고 생각하기를, 27자의 언문으로도 족히 세상에 입신(과거 급제하는 일)할 수 있다고 할 것이오니, 무엇 때문에 고심 노사하여 성리(성리학)의 학문을 궁리하려 하겠습니까?

최만리는 백성들이 훈민정음으로도 출세할 수 있으니 한문과 성리학을 배우지 않을 것을 염려하였다.

의혹 없이 시행해야 하는 것과 훈민정음 반포는 관계 있을까?

최만리가 '의혹됨이 없는 연후라야 훈민정음을 시행할 수 있다'고 지적한 것과 훈민정음 반포는 관계 있을 것이다. 최만리는 세종 25년(1443) 12월 30일에 서둘러 훈민정음을 반포한 일을 두고 '의혹이 없는 연후에 시행해야 한다'고 했기 때문이다.

최만리가 의혹됨이 없는 연후라야 시행할 수 있다고 한 내용이 세종 26년(1444) 2월 20일 세종실록에 실려 있다.

중국의 여러 제왕이 질문해도 어긋남이 없고, 여러 가지를 살핀다고 해도 부끄러움이 없어야 합니다. 100세대에 걸치는 긴 세월이라도 성인을 기다려 의혹됨이 없는 연후라야 이에 시행할 수 있는 것이옵니다.

최만리는 중국을 섬기는 조선에서 한자를 사용하지 않게 되면 부끄러운 일이 된다고 여겼다. 그래서 서둘러서 훈민정음을 반포한 일을 두고 '의혹됨이 없는 연후라야 훈민정음을 시행할 수 있다'고 한 것이다.

풍속을 바꾸는 일과
훈민정음 반포는 관계 있을까?

 최만리가 상소에서 풍속을 바꾸는 큰일이라고 한 것과 훈민정음 반포는 관계 있을 것이다. 자식들이 어려운 한문 공부를 하지 않고 읽고 쓰기 쉬운 훈민정음을 공부하게 되면 풍속을 바꾸는 큰일이기 때문이다.

 최만리가 훈민정음 반포가 풍속을 바꾸는 큰일이라 한 내용이 세종 26년(1444) 2월 20일 세종실록에 실려 있다.

 만일에 언문은 할 수 없어서 한 것이라면, 이것은 풍속을 변하여 바꾸는 큰일이므로,

 최만리는 세종 25년(1443) 12월 30일에 훈민정음을 반포함으로써 백성들은 어려운 한문을 배우지 않고 쉬운 훈민정음을 공부할 것을 예상하여 풍속을 바꾸는 큰일이라 한 것이다.

목판에 언문을 새긴 일과 훈민정음 반포는 관계 있을까?

《고금운회거요》를 간행하기 위해 목판에 언문을 새긴 일과 훈민정음 반포는 관계 있을 것이다.

훈민정음을 반포한 후 한문 공부에 도움을 주어 유생들의 반발을 무마하고자 《고금운회거요》를 번역하고 이를 간행하기 위해 이를 목판에 새겼기 때문이다.

최만리가 《운서(고금운회거요)》를 고치고 목판에 글자를 새긴다고 한 내용이 세종실록 세종 26년(1444) 2월 20일에 실려 있다.

또 가볍게 옛사람이 이미 이룩한 운서(한자를 성조별로 모은 책)를 고치고 근거 없는 언문으로 한자의 소리와 뜻을 적어서 공장(기술자) 수십 인을 모아 목판에 글자를 새겨…

최만리가 《운서(고금운회거요)》를 고치고 목판에 글자를 새긴다고 한 것은 《고금운회거요》의 한자의 소리와 뜻을 훈민정음으로 번역하고 이를 목판에 새긴 일을 두고 한 말이다.

훈민정음 공문서와
훈민정음 반포는 관계 있을까?

 세종대왕이 훈민정음으로 작성한 공문서를 대간(臺諫)에게 보낸 일은 훈민정음 반포와 관계 있을 것이다. 세종 25년(1443) 12월 30일에 훈민정음을 반포하였기에 대간에게 훈민정음으로 작성된 공문서를 세종 28년(1446) 10월 10일에 보낼 수 있었다.

 세종대왕이 훈민정음의 공문서를 대간에게 보낸 내용이 세종실록 세종 28년 10월 10일에 실려 있다.

> 임금께서 대간(의금부와 승정원 관리)이 (임금에게) 알릴 죄를 일일이 들어 언문으로써 써서, 환관 김득상을 시켜서 의금부와 승정원에 보냈다.

 대간은 관료나 임금의 잘못을 탄핵을 담당한 관료이고, 대관(臺官)은 관리들의 잘못을 탄핵하는 관리이며, 간관(諫官)은 국왕의 옳지 못한 처사나 잘못을 직언하는 관리이다.

더 알아보기 │ 환관

환관은 궁궐에서 어명이나 문서를 전달하고, 청소하고, 음식물을 감독하고, 임금의 신변을 지키는 일을 맡아 하는 남자를 말한다. 환관은 별도의 연금이 없고 임금을 시중들면서 이익을 챙겨서 생활하며 모시던 왕이 죽으면 궁궐 밖으로 떠나야 했다.

고려 후기와 조선시대에 환관을 '내시' 라 하였다. 천민집단인 부곡 출신자, 관의 노비, 양반집 노비, 노예, 무녀, 관에 있는 기생의 자식 중에 남자아이를 뽑아 성 기능을 제거하였다. 이는 궁궐에서 남녀 간의 성 문제가 일어나지 않도록 예방하기 위함이었다.

환관 제도는 고종 31년(1894) 갑오개혁 때 폐지되었다.

훈민정음으로 시행한 과거와 훈민정음 반포는 관계 있을까?

훈민정음으로 시행한 과거와 훈민정음 반포는 관계 있을 것이다. 훈민정음을 세종 25년(1443) 12월 30일에 반포하였기에 세종 28년(1446) 12월 26일에 훈민정음으로 과거를 시행할 수 있었다.

훈민정음으로 과거를 실시한 내용이 세종실록 세종 28년 12월 26일에 실려 있다.

이조에 전지(전하여 가리킴)**하기를,**
"금후로는 이과(서리를 뽑는 시험)**와 이전**(이조의 조직과 사무를 규정한 법전)**의 취재**(사람을 뽑음) **때에는 훈민정음도 아울러 시험해 뽑게 하되, 비록 의리는 통하지 못하더라도 능히 합자**(글자를 합하여 만듦)**하는 사람을 뽑게 하라." 하였다.**

세종실록 세종 29년(1447) 4월 20일에도 훈민정음으로 과거를 실시한 내용이 실려 있다.

이조에 전지하기를,

"정통 9년(1446) 윤 7월의 교지 내용에, '함길도의 자제로서 내시·다방(차를 취급하는 곳)의 지인(도장을 취급하는 관리)이나 녹사(기록하는 관리)에 소속되고자 하는 자는 글씨·산술·법률·가례(예의)·원육전(조선시대 공적인 법제에 관련된 책)·속육전(법이 많아지자 새로 만든 법률책)·삼재(글자의 기본 초성 중성 종성)를 시행하여 입격한 자를 취재하라.' 하였으나, 이과(낮은 관리) 시험으로 인재를 뽑는 데에 꼭 6가지 재주에 다 합격한 자만을 뽑아야 할 필요는 없으니, 다만 점수가 많은 자를 뽑을 것이며, 함길도 자제의 삼재 시험하는 법이 다른 도의 사람과 별로 우수하게 다른 것은 없으니, 이제부터는 함길도 자제로서 이과 시험에 응시하는 자는 다른 도의 예에 따라 6재(훈민정음 3재, 말타기, 활쏘기, 찰쓰기)를 시험하되 점수를 갑절로 주도록 하고, 다음 식년(3년마다 한 번씩 돌아오는 쥐해, 토끼해, 말해, 닭해)부터 시작하되, 먼저 훈민정음을 시험하여 입격한 자에게만 다른 시험을 보게 할 것이며, 각 관아의 이과 시험에도 모두 훈민정음을 시험하도록 하라." 하였다.

더 알아보기 — 조선의 과거제도

조선의 과거제도는 소과와 대과가 있었다.

소과는 유교 경전 내용을 보는 생원시와 문장 능력을 보는 진사시가 있다. 생원시에 합격하면 생원이 되고 진사시에 합격하면 진사가 된다. 처음에는 생원이 대세였으나 차츰 진사가 대세가 되었다. 소과에 합격하면 성균관에 입학할 수 있고 대과에 응시할 수 있는 자격이 주어졌다.

대과는 조정의 관리가 되는 시험으로 소과에 합격한 생원과 진사, 성균관 학생, 현직 관리 등이 대과에 응시할 수 있었다. 선발 인원은 문과 33명, 무과 28명, 기술관을 뽑는 잡과 약간명이었다. 대과는 정기적인 시험과 부정기적인 별시가 있는데 정기적인 시험은 3년마다 쥐, 토끼, 말, 닭띠 해에 보았으므로 식년시라 하였다.

별시는 나라에 큰 경사가 있을 때 보는 증광시와 왕이 문묘에서 성균관 유생에게 직접 시험을 보는 알성시가 있었다.

특별채용으로 천거, 음서, 취재, 이과가 있었다.

천거는 과거의 단점을 보완하고 인재를 널리 구하기 위하여 3

품 이상의 관리들에게 3년마다 3명씩 적합한 관원 후보자를 추천하게 한 제도다. 음서는 공훈이 있는 공신의 자손을 관리로 뽑는 제도다. 취재는 하급 관리를 뽑기 위해 실시한 제도다. 이과는 낮은 직책의 서리를 뽑는 제도다.

과거제도는 양반의 전유물이었다. 비록 양반의 자식일지라도 첩에서 태어난 서자와 노비에서 태어난 얼자는 응시할 수 없었다. 평민은 형편상 과거에 응시할 수 없었고, 상민과 천민은 아예 과거에 응시할 자격조차 없었다.

과거제도가 조선 후기에는 부패의 온상이었다. 시험장에서 남의 글이나 참고서를 베끼고, 시험 문제가 유출되어 미리 작성한 답안지를 제출하고, 뇌물을 주고 과거 급제를 사기도 하였다. 과거가 부패의 온상이 된 것은 임금을 비롯한 관리들이 부정을 눈감아 주고 막대한 이익을 챙겼기 때문이다.

운회의 번역과
훈민정음 반포는 관계 있을까?

　조선에서 사용하는 한자의 소리와 뜻을 바로잡고자《운회(고금운회거요)》를 번역한 일과 훈민정음 반포는 관계 있을 것이다. 세종 25년(1443) 12월 30일에 훈민정음을 반포하였으므로 세종 26년(1444) 2월 16일에《고금운회거요》를 번역하고 참여한 학자에게 거듭 상을 줄 수 있었다.

　세종대왕은《운회》를 번역한 학자들에게 상을 주고 접대와 수고비를 후하게 하였다는 내용이 세종 26년 2월 16일 세종실록에 실려 있다.

　집현전 교리 최항·부교리 박팽년, 부수찬 신숙주·이선로·이개, 돈녕부 주부 강희안 등에게 명하여 의사청에 나아가 언문으로 운회(고금운회거요)를 번역하게 하고, 동궁과 진양대군 이유, 안평대군 이용에게 그 일을 관장하여 모두 성상의 판단에 품의하도록 하였으므로 상을 거듭 내려 주고 접대와 수고비를 후하게 하였다.

최항(1409~1474), 박팽년(1417~1456), 신숙주(1417~1475), 이선로(?~1453), 이개(1417~1456), 강희안(1417~1464) 등이 《고금운회거요》의 번역에 참여하였다.

용비어천가와
훈민정음 반포는 관계 있을까?

《용비어천가》와 훈민정음 반포는 관계 있을 것이다. 세종 25년(1443) 12월 30일에 훈민정음을 반포하였기에, 조선 개국을 찬양하고 조상의 덕을 숭모하여 조선 왕조를 자손만대에 전하는 《용비어천가》를 편찬할 수 있었다.

《용비어천가》를 편찬한 내용이 세종실록 세종 27년(1444) 4월 5일에 실려 있다.

의정부 우찬성 권제 · 우참찬 정인지 · 공조 참판 안지 등이 용비어천가 10권을 올렸다. 신하가 임금께 올린 글에 이르기를,
"어진 덕을 세상에 널리 베푸시고 큰 복조를 성하게 열었으니, 공을 찬술하고 사실을 기록하여 가사와 악보를 폄이 마땅하여 이에 거친 글을 편찬하오니 임금께서 밝게 살피시라고 상달하옵니다."

《용비어천가》는 우찬성 권제, 우참찬 정인지, 공조 참판 안지 등이 세종 27년(1445) 4월 5일에 10권으로 편찬하였다.

세종 29년(1447) 5월에 10권 5책의 목판본으로 《용비어천가》를 간행하였다. 《용비어천가》의 간행에 2년 1개월이 걸렸다.

석보상절과
훈민정음 반포는 관계 있을까?

 《석보상절(釋譜詳節)》과 훈민정음 반포는 관계 있을 것이다. 세종 25년(1443) 12월 30일에 훈민정음을 반포하였기에 불교 경전 중에서 주옥같은 글을 뽑아 풍부한 어휘를 사용하여 매끄러운 문장으로 짓고 동국정운식으로 한자를 표기한 《석보상절》을 세종 28년(1446) 3월 24일에 편찬할 수 있었다. 석보(釋譜)는 석가모니의 족보를 뜻하고, 상절(詳節)은 필요한 부분은 상세하게 필요하지 않으면 생략한다는 뜻이다.

 세종대왕은 소헌왕후(1395~1445)가 세종 28년(1446) 3월 24일에 수양대군의 집에서 죽자 수양대군에게 석가모니 부처님의 일생을 알기 쉽게 요약한 《석보상절》을 편찬하여 어머니의 명복을 빌도록 하였다.

 《석보상절》의 서(序)에 보면 "정통 12년 7월 25일 수양군 휘서(正統十二年七月二五日 首陽君諱序)"라고 하였다. 풀이하면, 정통은 중국 명나라 연호로, 정통 12년은 세종 29년(1447)이다. 수양군(首陽君)은 수양대군이고, 휘서(諱序)는 삼가 서문을 지었다는 뜻이다.

《석보상절》은 우(祐)와 도선(道宣)스님의 《석가보(釋迦譜)》를 참고하고,《법화경》,《지장경》,《아미타경》,《약사경》 등에서 좋은 글을 가려 뽑아 수양대군과 김수온 등이 완성하였다. 《석보상절》은 24권 24책으로 간행되었으나 현재 7권 7책이 전해지고 있다.

더 알아보기	**소헌왕후**

소헌왕후는 세종대왕의 첫째 부인으로 문종, 세조(수양), 안평, 임영, 광평, 금성, 평원, 영응대군, 정소, 정의공주 등 8남 2녀를 두었다.

소헌왕후의 아버지 심온(1375~1418)은 세종대왕이 즉위하면서 영의정에 오르고 청천부원군에 봉해졌다. 태종은 영의정 심온에게 명나라에 세종대왕의 즉위를 알리는 사은사로 임명하였다. 그가 명나라로 가는 길에 많은 사람이 나와 환영하였다는 소식을 들은 태종은, 왕권 강화에 걸림돌이 된다고 보고, 좌의정 박은을 시켜 강상인(?~1418)의 옥사 사건에 연루시켜서 제거하였다.

강상인 옥사 사건은 병조참판 강상인이 세종 즉위년(1418) 8월에 군사권을 쥐고 있는 태종에게 보고하지 않고 세종대왕에게만 보고함으로써 역모죄로 몰린 사건이다. 태종은 심정이 강상인과 모의하여 상왕인 자신에게 보고하지 않은 것은 심온이 동생 심정에게 시켰기 때문이라 하였다. 심온은 억울함을 당하여 강상은과 대질을 요구하였으나, 좌의정 박은은 심온을 대질 없이 처벌하자고 주장하였다. 태종은 박은의 주장을 받아들여 심정과 강산인을 처형하고, 장인인 심온에게 사약을 내렸다.

소헌왕후는 역모 사건으로 아버지와 작은아버지가 죽고 어머니와 형제들은 노비가 되었다. 소헌왕후도 장차 폐비가 되어 노비가 될 처지임을 알고 죽을 각오로 곡기를 끊었다. 세종대왕은 장인인 심온의 억울함을 알면서도 태종이 잘못하였다고 하면 불효자가 될 처지이므로 이러지도 저러지도 못하고 소헌왕후의 곁을 지키고 있었다.

태종은 세종대왕이 측은하기도 하고, 새 며느리를 맞이한다 해도 새 며느리 집안을 숙청하지 않으리라는 보장도 없으므로 더는 문제 삼지 않기로 하였다. 태종은 소헌왕후에게 자녀를 많이 낳아 왕실의 안정과 내조의 공이 커서 더는 문제 삼지 않을 터이니 즉시 식사하라고 권하였다.

심온의 9대손 심단(1645~1730)이 쓴 안효공온신도비명에 영의정 심온이 박은의 집안과는 혼인하지 말라고 유언하였다는 내용이 있다.

동국정운과
훈민정음 반포는 관계 있을까?

《동국정운(東國正韻)》과 훈민정음 반포는 관계 있을 것이다. 세종 25년(1443) 12월 30일에 훈민정음을 반포하였기에, 한자의 소리와 뜻을 훈민정음으로 적고 성조에 따라 한자를 찾기 쉽게 분류하여 정리한 《동국정운》을 세종 29년(1447) 9월에 편찬할 수 있었다. 조선에서 사용되는 한자의 소리를 바로잡기 위해 중국의 《홍무정운(洪武正韻)》을 참고하여 《동국정운》을 편찬하였다.

신숙주 서문이 《동국정운》에 실려 있다.

이달에 동국정운이 완성되니 모두 6권인데, 명하여 간행하였다. 집현전 응교 신숙주가 교지를 받들어 서문을 지었는데, 이르기를,

"하늘과 땅이 화합하여 조화가 유통하매 사람이 생기고, 음과 양이 서로 만나 기운이 맞닿으매 소리가 생기나니, 소리가 생기매 칠음이 스스로 갖추고, 칠음이 갖추매 또한 사성이 갖추었다. 칠음과 사성이 씨줄과 날줄이 되어 맑고 흐

리고 가볍고 무거움과 깊고 얕고 빠르고 느림이 자연으로 생겨난 까닭에 포희(庖犧)가 괘를 그리고 창힐(蒼頡)이 글자를 만든 것 역시 다 그 자연의 이치에 따라서 만물의 실정을 통한 것이다.

《동국정운》 편찬에 신숙주, 최항, 성삼문, 박팽년, 이개, 강희안, 이현로, 조변안(1413~1473), 김증(1413~1456) 등이 참여하였다.

왜 섣달그믐에
훈민정음을 반포하였을까?

　세종대왕은 세종 25년(1443) 12월 30일에 훈민정음을 반포하였다.

　세종 25년 섣달그믐에 반포한 것은 첫해 첫날부터 훈민정음을 사용하라는 배려라고 볼 수 있다. 설 연휴에 가족들이 모여 훈민정음을 배우고 익혀서 편하게 사용하라는 취지인 것이다.

　유생과 사대부들의 반발을 억제하려고 섣달그믐에 훈민정음을 반포한 것일 수 있다. 집현전 학자들이 훈민정음을 반포한 지 50일 만에 반대하는 상소를 올린 것을 보면 새해 명절 준비에 바쁜 틈을 이용하여 유생들의 반발을 억제하려는 의도라고 볼 수 있다.

6장

언제 훈민정음해례본을
간행하였을까?

훈민정음해례본은
어떤 책일까?

훈민정음해례본 목판본(복각)

목판본으로 간행된 훈민정음해례본의 원이름은 '훈민정음(訓民正音)'이다. 훈민정음해례본은 훈민정음을 설명한 해설서로써 세계에서 유일하게 문자를 만든 학자가 어떻게 만들었는지 어떤 과정으로 만들었는지를 설명한 책이다.

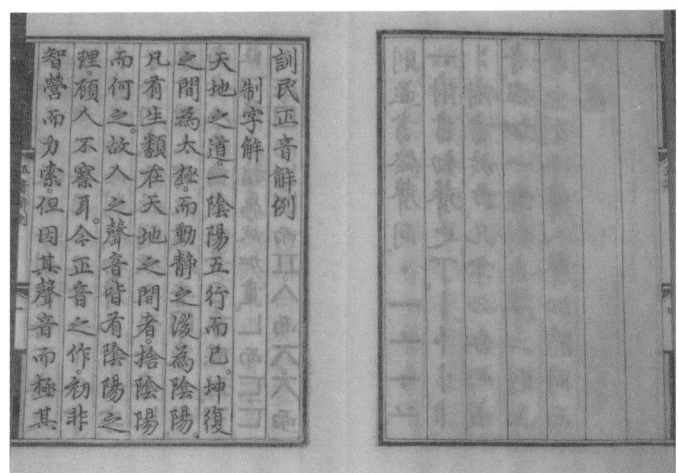

훈민정음해례본 목판본(복각)

간송미술관에 보관된 훈민정음해례본을 '간송본' 이라 한다. 간송본은 가로 16.8cm, 세로 23.3cm이고 분량은 33쪽이고 국보 제70호로 지정되었다.

간송본 33쪽에 "정통 11년 9월 상한 훈민정음성(訓民正音成)" 이라고 적혀 있어 편찬 연대를 알 수 있다. 정통 11년은 세종 28년(1446)이고, 9월 상한은 9월 1일에서 10일 사이다. 훈민정음(訓民正音)은 책의 제목이고, 성(成)은 편찬하였다는 뜻이다. 세종 28년 9월 상한에 훈민정음해례본을 편찬하여 마쳤다는 뜻이다.

간송본은 세종어제, 훈민정음해례, 정인지 서문 3장으

로 구성되어 있고, 정인지 서문은 한자씩 내려서 인쇄되어 있다.

세종어제(世宗御製)는 서문과 예의로 되어 있다. 세종어제 서문은 백성이면 누구나 훈민정음을 배우고 익혀서 편하게 사용하라고 권장한 글이다. 세종어제 예의는 훈민정음을 간단하게 설명한 글이다.

훈민정음해례는 신미대사가 훈민정음을 만든 원리와 사용법 등을 자세히 설명한 글이다.

정인지 서문은 세종대왕이 훈민정음을 반포하였다고 밝히면서 비록 글자 수는 많지 않으나 어떤 소리라도 나타낼 수 있고, 누구나 쉽게 배울 수 있다고 칭송한 글이다.

어디서
훈민정음해례본을 샀을까?

간송 전형필(1906~1962)은 국문학자 김태준(1905~1950)으로부터 안동에 훈민정음해례본이 있다는 말을 듣고 1942년에 안동에 가서 이용준으로부터 샀다고 하였다.

다음은 간송 전형필이 회상한 내용이다.

"친한 서적상이 시골에 훈민정음 원본이 있다고 하기에 내가 '틀림없이 원본이면 무슨 노력을 해서라도 살 테니 가져오라'고 했어요… 1년 후 그 사람이 와서 '오늘 저녁 가져오겠다'고 했어요. 초조하게 그 사람을 기다렸는데 밤중에 온 그 사람이 개선장군처럼 당당하게 웃는 모습으로 나타났어요. 그때 속심으로 가져왔나보다고 생각했는데, 아니나 다를까 헌 종이에 아무렇게나 돌돌 말아 쥔 구겨진 종이를 가져 왔어요."

간송은 귀한 만큼 귀한 대접을 받아야 한다는 뜻으로 기와집 10채 값인 1만 원을 주고 수고비로 1,000원을 더 얹어주었다고 하였다.

한글학회장을 지낸 김계곤(1926~2014)은 "아무리 가산이 넉넉하다 한들 돈을 보람있게 쓸 줄 아는 이가 몇 사람이나 되겠냐"면서 "간송의 공로는 필설로 다 표현할 수 없다"라고 극찬하였다.

국문학자 김태준은 간송 전형필이 간송본을 매입할 수 있도록 도왔다. 김태준은 경성제대와 경학원(성균관대 전신)의 강사로 일하면서 조선 문학을 강의하였다. 김태준은 재직 중 경성콤그룹에 가입한 것이 빌미가 되어 한국 전쟁 중에 한국군에게 빨갱이로 몰려 이주하(1905~1950), 김삼룡(?~1950), 박우룡(?~1950) 등과 함께 총살당했다.

국어학자 안병희(1933~2006)는 김태준의 공을 높이 평가하여 "만약 김태준이 해례본(간송본)을 간송이 아닌 경성제대 일본인 교수에게 소개했다면 일본으로 반출됐을 것이다. 참으로 김태준의 그때 일이 얼마나 훌륭한 것인지를 알 수 있다"라고 하였다.

세종대왕기념사업회 전문위원인 김슬옹(1962~현재)은 안병희가 말하는 일본인 교수는 1942년 당시 경성제대 고노 로쿠로(1912~1998) 교수라고 하였다. 고노 교수가 1947년 발표한 논문에서 1940년 당시 경성에 머무르고 있었을 때 원본을 볼 기회가 있었으나 그 기회를 놓쳤다고 하면서 아쉬워

했다고 하였다.

> **더 알아보기** **간송 전형필**

간송 전형필은 1906년 7월 29일 서울 종로 4가에서 부잣집 둘째 아들로 태어났으나 친형이 28세에 죽자 맏이가 되었다. 1921년 어의동 공립보통학교를 졸업하고 1926년 휘문고등보통학교를 졸업하였다. 학창 시절에 고종사촌 형인 월탄 박종화(1901~1981)와 어울렸다. 휘문고보에서 서양화가이자 민족주의자였던 춘곡 고희동(1886~1965)을 만났다. 춘곡은 간송을 위창 오세창(1864~1953)에게 소개하였다. 오세창으로부터 '간송'이라는 아호를 받고 그의 지도를 받으면서 문화재에 대한 안목을 키웠다. 간송은 국보로 지정된 10여 점을 비롯한 많은 문화재를 보관하기 위해 1938년 보화각(현 간송미술관)을 세웠다.

간송은 1942년 안동에서 기와집 10채 값인 11,000원을 주고 간송본을 매입하였다. 학계에 간송본을 공개하고 조선어학회(한글학회)가 영인할 수 있도록 허락하여 1959년에 영인본이 간행되었다. 한글학회 100년사에 영인본의 간행에 대해 "훈민정음해례본(간송본)의 발견은 역사적인 사건이요 민족적인 경사였다. 마침내 영인본이 나옴으로써 누구나 쉽게 해례본을 대하게 되었고 신진들의 날카로운 분석도 뒤따랐다"라고 평하였다.

간송은 1940년 경영난에 빠진 보성고보를 인수하고 1945년 광복이 되자 보성중학교 교장직을 1년간 맡았다. 1954년 문화재 보존위원이 되고, 1956년 교육공로자로 표창을 받았다. 1962년 문화포장, 1964년에 문화훈장 국민장, 2014년에 금관문화훈장을 받았다.

《한국민속문화대백과사전》

간송본을 팔면서
왜 거짓말을 하였을까?

  이용준(1916~월북)은 훈민정음해례본을 팔면서 간송에게 선조인 이정이 세종 15년(1433) 제1차 여진 정벌 때 최윤덕(1376~1445) 장군의 막료로 참여한 공으로 판관 벼슬과 함께 세종대왕으로부터 훈민정음해례본을 하사받았다고 하였다. 그러나 세종 15년은 훈민정음을 반포하기 훨씬 전이라서 거짓임이 드러났다.

  긍구당 고택에 사는 광산김씨 14대 종손인 김대중(1934~)은 "이용준의 선조인 이정이 세종 15년에 압록강 지역의 여진 정벌에 참여할 때는 훈민정음해례본이 편찬되지 않았다"고 하였다.
  "이용준은 '연산군 때 언문탄압을 피하려고 첫 장과 둘째 장을 뜯어냈다'고 둘러댔지만, 세종어제가 실린 책이고 세종대왕이 하사한 책이라면 누구도 함부로 찢을 수가 없다"고 하였다.
  간송본은 긍구당에서 갖고 있었는데 사위인 이용준이 가

져가서 증거를 없애려고 긍구당 도장이 찍힌 첫째 장과 둘째 장을 찢고 간송에게 팔았다고 하였다.

이용준이 장인 김응수(1880~1957)와 장모 송씨에게 보낸 편지에 "(긍구당에서) 가려 뽑은 책은 몇 분의 1에 불과하여 서가에 영향은 크지 않으며… 값을 90원으로 결정했습니다", "(긍구당에서)《매월당집》을 가져온 일은 송구하옵고 범한 행동은 스스로 큰 죄라 여겨, 할 말이 없지만… 그러나 옛 풍속에 책을 주는 사례라고 생각하시고 용서하심이 어떠하시겠습니까"라고 하여 사위인 이용준이 간송본을 처가에서 가져왔다고 편지에 시인하였다.

김대중은 10살 무렵에 할아버지(김응수)께서 고모부인 이용준에게 "훈민정음 책자를 가져갔으면 돌려줘야지 왜 아직 안 가져오느냐"며 심하게 꾸짖는 모습이 지금도 눈에 선하다고 하였다. 그리고 "할아버지께서 고모부를 '도둑놈 같은 놈'이라고 나무라자 '사위도 반 자식인데 장인 어르신께서 너무 하신다'면서 고모부가 울던 모습이 기억난다"고 하였다. 고모부 이용준은 간송본을 팔고 월북했다고 하였다.

궁구당에서
간송본을 보관했을까?

박종덕(전 건국대 교수)은 〈한국어학지 31호(2006년 5월)〉에 '훈민정음 해례본의 원형과 유출과정'이라는 논문에서 간송본의 원주인은 광산김씨 종가라고 결론 지었다.

박종덕의 논문에 따르면 간송본은 광산김씨 안동 종가인 궁구당에 전해오는 가보였다. 간송본의 마지막 쪽 여백에 있는 낙서처럼 된 것은 광산김씨 안동 종가 궁구당에서 보관하고 있는 분재기(分財記)에 나오는 수결(손으로 써서 자신의 것임을 표시하는 사인)과 똑같으므로 궁구당이 원래 소장자인 것이다.

광산김씨 종손인 김응수가 보관해오던 간송본을 사위인 이용준이 가져가서 돌려주지 않고 간송 전형필에게 판 것이라 하였다.

더 알아보기 긍구당

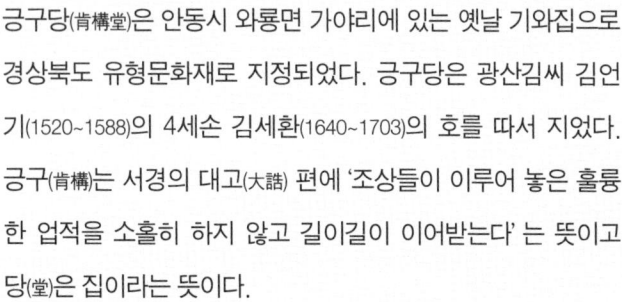

긍구당(肯構堂)은 안동시 와룡면 가야리에 있는 옛날 기와집으로 경상북도 유형문화재로 지정되었다. 긍구당은 광산김씨 김언기(1520~1588)의 4세손 김세환(1640~1703)의 호를 따서 지었다. 긍구(肯構)는 서경의 대고(大誥) 편에 '조상들이 이루어 놓은 훌륭한 업적을 소홀히 하지 않고 길이길이 이어받는다'는 뜻이고 당(堂)은 집이라는 뜻이다.

유일재 김언기가 첫 부인과 사별하고 30대 후반에 영천이씨와 재혼하여 처가에 살았다. 유일재는 46세 때 장인으로부터 집을 물려받아 영천이씨 사이의 둘째 아들 김득숙(1561~1649)에게 물려주었다.

《한국향토문화전자대전》

누가 훈민정음해례본을 편찬하였을까?

　신미대사가 훈민정음을 만든 원리와 사용법을 자세하게 설명한 훈민정음해례를 집필하고 세종어제와 정인지 서문을 편집하여 훈민정음해례본을 편찬하였을 것이다. 왜냐하면, 세종실록에는 세종어제와 정인지 서문만 있지만, 훈민정음해례본에는 훈민정음해례가 포함되어 있기 때문이다.

　신미대사는 세종대왕이 세종 25년(1443) 12월 30일에 훈민정음을 반포한 후에 2년 8개월 동안 훈민정음해례를 집필하고 세종 28년(1446) 9월 상한에 훈민정음해례본을 편찬하였다.

누가 세종어제를
기초하였을까?

　세종어제(世宗御製)는 서문(序文)과 예의(例義)로 되어 있다. 세종어제 서문은 훈민정음을 만든 취지를 밝힌 글이고, 예의는 훈민정음을 간단하게 해설한 글이다. 세종어제는 세종실록과 훈민정음해례본에 실려 있다.

　세종어제 서문이 53자로 지어졌고, 훈민정음을 설명한 예의가 포함되어 있다는 점에서 신미대사가 기초하였을 가능성이 있다.

　세종어제훈민정음은 신미대사의 제자인 학조대사(1431~1514)가 세종어제 서문 53자를 108자로 번역하여 세조 5년(1459) 7월 7일에 편찬한《월인석보》에 실었을 것이다.

누가 훈민정음해례를
지었을까?

  훈민정음해례는 훈민정음을 발명한 신미대사가 지었을 것이다. 훈민정음해례는 제자해, 초성해, 중성해, 종성해, 합자해, 용자해로 구분하여 훈민정음을 만든 원리와 사용법을 설명하였기 때문이다.

  제자해 : 글자를 만든 원리를 설명한 부문으로 자음인 닿소리는 발성 기관의 모양을 본뜨고 획을 첨가하여 만들었으며 모음인 홀소리는 하늘과 땅과 사람을 상징하는 기호로써 글자를 만들었다고 하였다.

  초성해 : 자음인 닿소리를 설명한 부문이다. 초성이 무엇인지, 어떻게 중성 앞에서 사용하는지, 어떻게 종성으로 사용하는지를 설명하였다.

  중성해 : 모음인 홀소리를 설명한 부문이다. 초성과 중성을 합하여 어떻게 글자가 만들어지는지를 설명하였다.

종성해 : 받침으로 사용되는 부문을 설명하고, 받침의 쓰임과 소리에 대하여 설명하였다.

합자해 : 초성·중성·종성을 모아서 글자를 만드는 방법을 설명하였다.

용자해 : 만들어진 글자의 쓰임을 설명하였다.

사람들을 깨우치라고 한 것과 훈민정음해례본은 관계 있을까?

세종대왕이 정인지 등에게 사람들을 깨우치라고 한 것은 훈민정음해례본과 관계 있을 것이다. 세종 28년(1446) 9월 상한에 훈민정음해례본을 편찬하였기 때문에 세종대왕은 여러 학자에게 백성들을 가르쳐서 깨우쳐 주라고 한 것이다.

세종대왕이 사람들을 깨우치라고 한 내용이 세종실록 세종 28년 9월 29일에 실려 있다.

상세히 해석하여 사람들을 깨우치라고 명하시어…

세종대왕이 상세히 해석하라고 한 것은 정인지 등 학자들에게 훈민정음해례본을 공부하라는 뜻이고, 사람들을 깨우치라 한 것은 백성들에게 훈민정음을 가르쳐주라는 뜻이다.

훈민정음성과
훈민정음해례본은 관계 있을까?

 훈민정음과 훈민정음해례본은 관계 있을 것이다. 훈민정음해례본 33쪽에 '정통 11년(1446) 9월 상한 훈민정음성(訓民正音成)'이라 한 것과 세종실록 세종 28년(1446) 9월 29일에 '시월 훈민정음성'이라 한 것은 모두 훈민정음해례본을 가리키는 말이기 때문이다.

 훈민정음해례본 33쪽에 '정통 11년 9월 상한 훈민정음성(訓民正音成)'이라 하였다. 정통 11년은 세종 28년이고, 9월 상한은 9월 초순으로 9월 1일에서 10일 사이를 말한다. 훈민정음성은 훈민정음을 설명한 책인 훈민정음해례본을 편찬하여 마쳤다는 뜻이다. 훈민정음해례본을 훈민정음이라 한 것이다.

 세종실록 세종 28년 9월 29일에 '시월 훈민정음성'이라 하였다. '이달에 훈민정음해례본을 편찬하여 완성하였다'는 뜻이다. 세종 28년 9월 상한에 훈민정음해례본을 편찬하고 나서 20일 뒤인 9월 29일에 세종실록에 등재한 것이다. 여기서 훈민정음은 훈민정음해례본을 뜻하는 말이다.

일부 학자는 훈민정음성을 훈민정음해례본 간행이라고 해석한다. 목판본으로 훈민정음해례본을 간행하려면 오랜 시간이 필요하다. 세종 28년 9월 상한에 훈민정음해례본을 편찬하고 20일 만인 9월 29일에 간행할 수는 없다. 그러므로 훈민정음해례본을 간행한 것이 아니라 편찬한 것을 세종실록에 등재하였다는 뜻이다.

목판본으로 훈민정음해례본을 간행하려면 목재를 고르고 터지지 않게 결을 삭혀야 한다. 삭힌 목재를 자르고 켜서 글자를 새길 목판을 만들고 뒤틀리지 않게 마구리까지 만들어야 한다. 같은 글씨체로 한지에 베끼고, 베껴 쓴 한지를 뒤집어 붙여 칼로 목판에 새겨야 인쇄할 수 있는 목판이 완성된다. 인쇄하려면 완성된 목판에 먹물을 묻히고 한지를 올려 문질러서 찍어내기를 반복해야 한다. 찍어낸 한지를 순서대로 정리하고 표지를 만들어 끈으로 매야 비로소 한 권의 책이 완성되는 것이다. 그래서 《삼강행실》을 간행하는데 1년 11개월, 《용비어천가》를 간행하는데 2년 1개월이 걸렸다.

왜 훈민정음성을
달리 해석하였을까?

　일부 학자는 훈민정음해례본과 세종실록에 있는 훈민정음성(訓民正音成)을 훈민정음해례본에서는 '훈민정음을 만들었다'고 해석하고, 세종실록에서는 '훈민정음을 반포하였다'고 해석하였다.

　일부 학자는 훈민정음해례본에 있는 '정통 11년 9월 상한 훈민정음성'을 '정통 11년(1446) 9월 상한에 훈민정음을 만들었다'고 해석하였다. 이를 정부에서 받아들여 '세종 28년(1446) 9월 상한에 훈민정음을 만들었다'고 공인하고 이날을 한글날로 정하였다.

　일부 학자가 세종실록의 '시월 훈민정음성(是月 訓民正音成)'을 '이달 9월에 훈민정음을 반포했다'고 해석하였다. 이를 정부에서 받아들여 '세종 28년 9월 29일에 훈민정음을 반포하였다'고 한 것이다.

　성(成) 자에 훈민정음을 만들었다거나 반포하였다는 뜻이 있는지를 알아보기 위해 옥편을 이용하여 조사하였다.

성(成) 자의 뜻

차례	뜻	차례	뜻
①	이룰 성: 성취함	⑧	끝날 성
②	이루어질 성: 성취, 됨, 성숙함	⑨	화해할 성
③	우거질 성	⑩	화해 성: 화목
④	다스릴 성	⑪	층 성: 층계
⑤	살질 성: 비대해 짐	⑫	십리 성: 사방 십리
⑥	가지런할 성	⑬	총계 성: 종합한 계산
⑦	고르게 할 성	⑭	성 성: 성씨의 하나

옥편에 성 자는 만들었다거나 반포하였다는 뜻이 없다.

훈민정음성은 훈민정음 해설서인 훈민정음을 완성하였다는 뜻이다. 훈민정음성은 훈민정음 해설서인 훈민정음해례본을 편찬하여 마쳤다는 기록이다.

왜 한글날이
10월 9일 일까?

 일부 학자는 훈민정음해례본 마지막 쪽에 있는 '정통 11년 9월 상한 훈민정음성'을 '훈민정음을 만들었다'고 해석하여 이날을 양력으로 환산하여 10월 9일을 한글날이라 하였다. 이를 정부에서 받아들여 10월 9일을 한글날로 정한 것이다. 그러나 10월 9일은 한글날이 아니라 훈민정음해례본을 편찬하여 마친 날이다.

 북한은 한글날을 1월 15일로 정하였다. 음력 세종 25년 (1443) 12월 30일에 훈민정음의 반포하였으므로 보름 전에 훈민정음을 만들었다고 추정하여 한글날을 1월 15일로 정한 것이다.

 우리 정부도 대승적 차원에서 북한의 한글날을 수용한다면, 남북한 공동으로 한글날 기념행사도 할 수 있고 언어적 차이를 해결하는 연구도 할 수 있으므로 언어 공동체로서 함께 한글을 꽃 피울 수 있을 것이다.

왜 세조대왕은 권선문을 훈민정음과 한문으로 지었을까?

오대산 상원사 중창 권선문 : 어첩(영인본)

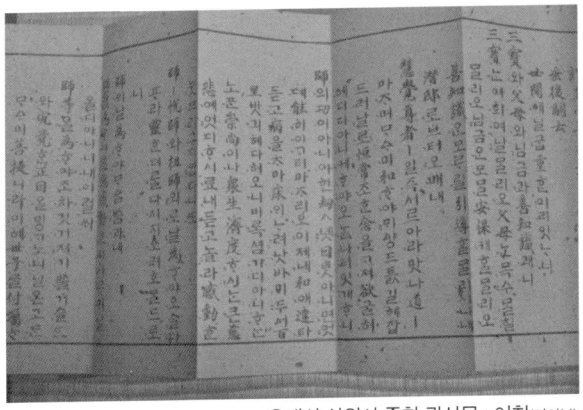

오대산 상원사 중창 권선문 : 어첩(영인본)

권선문은 착한 일이나 바람직한 행동을 권장하거나 절을 짓거나 불사할 때 사람들에게 보시하도록 권하는 글이다. 중국 스님들이 8세기 무렵에 민중들을 교화하기 위해 노래 형태로 쉽게 지은 권선문이 돈황석굴에서 많이 발견되었다.

오대산 상원사에 보관된 상원사 중창 권선문(勸善文)은 세조 10년(1464) 12월에 세조대왕과 신미대사가 지은 필사본으로, 보물 제14호로 지정되었다. 상원사 중창 권선문은 세조대왕의 글이 있어 어첩(御牒)이라 한다. 어첩의 앞부분은 신미대사와 세조대왕이 훈민정음과 한문으로 쓴 권선문이고 뒷부분은 왕비와 세자 등 왕족과 대신들의 수결(手決)이 나열되어 있다.

어첩에서 어(御)는 임금을, 첩(牒)은 이음매를 이어붙여 길게 펼칠 수 있게 만든 것을 말한다. 중국에서 첩은 얇은 대나무를 이어 만든 것이고, 책(冊)은 넓은 대나무를 이어 만든 것이며, 독(牘)은 두꺼운 나무판으로 만든 것을 뜻한다. 고려시대에는 공문서를 첩이라 하였다.

세조대왕(1417~1468)이 복천사로 행차한 이후에 신미대사와 함께 훈민정음과 한문으로 상원사 중창 권선문을 지었다. 이는 세조대왕이 훈민정음에 깊은 관심이 있다는 것을 보여 주는 소중한 자료다.

월인석보와
훈민정음해례본은 관계 있을까?

《월인석보》와 훈민정음해례본은 관계 있을 것이다. 세조대왕이 《월인석보》에 세종어제훈민정음과 자신의 발원문을 실은 훈민정음해례본을 간행하겠다는 의지를 보인 것이라고 볼 수 있기 때문이다.

세조대왕은 아버지 세종대왕과 관련 있는 《월인천강지곡》과 어머니 소헌왕후와 관련 있는 《석보상절》을 합본하여 세조 5년(1459) 7월 7일에 《월인석보》를 편찬하였다. 《월인석보》에는 세조대왕의 서문, 세종어제훈민정음, 《세조대왕의 발원문》, 《월인천강지곡》, 《석보상절》이 실려 있다.

《월인석보》에 실린 세조대왕의 발원문은 아래와 같다.

모름지기 의심스러운 것이 있으면 널리 묻고 뿌리를 밝히고 다듬어 부처님 가르침의 미묘한 뜻을 알고, 도리를 끝까지 가다듬어 만법의 깊은 근원을 사무치게 깨닫기를 바란다.

글이라고 모두 불경이 아니며 불경이라고 모두 부처가 아

니다. 도리를 말한 것이 불경이요, 도리를 몸 삼은 이가 부처다. 이 경을 읽는 사람은 부처님의 광명에 비추어 스스로 돌아보면 귀하다. 손으로 고기 잡는 그릇을 잡고만 있고 버리지 않는 것을 가장 싫어하는 바이다.

범어로 쓴 불경이 잔뜩 쌓여 있어도 볼 사람은 읽고 외기를 어렵게 여기지만, 불경을 우리말로 옮겨서 읽는 사람들을 크게 도우려고 하는 것이다.

그리하여 종친과 재상, 공신, 친척과 백관 등 사부대중과 더불어 발원의 수레가 서지 않고, 끝이 없도록 덕의 근원을 심어 몸과 마음이 평안하고 백성이 즐기며 나라의 경계가 고요하고 풍년이 들고 복이 오고 액이 없어지기를 바라는 것이다.

잠깐 사이에 부처님의 공덕을 깨달아 하루빨리 회향하여 모든 중생과 더불어 속히 깨달음의 언덕에 이르기를 원하노라.

세조대왕은 백성들이 《월인석보》를 읽고 깨달음을 얻어 몸과 마음이 평안해지기를 발원하였다. 그리고 백성들이 문맹에서 벗어날 수 있도록 훈민정음을 보급할 것을 염원하였다.

간경도감과
훈민정음해례본은 관계 있을까?

간경도감(刊經都監)과 훈민정음해례본은 관계 있을 것이다. 훈민정음해례본의 간행은 막대한 인력과 자원이 필요하므로 국가에서 지원하지 않으면 이루어질 수 없기 때문이다.

간경도감의 설치가 세조실록 세조 7년(1461) 6월 16일에 실려 있다.

처음으로 간경도감을 설치하고 도제조(都提調)·제조(提調)·사(使)·부사(副使)·판관(判官)을 두었다.

간경도감의 조직을 보면 도제조(都提調)는 정1품으로 다른 관직을 겸임하고, 제조(提調)는 기술 관련직으로 정2품 이상, 사(使)는 정2품, 부사(副使)는 정3품이나 종3품, 판관(判官)은 정4품이나 종4품이었다.

간경도감의 본부는 서울 원각사에 두고 각 지역에 분사를 두었다. 특히 간경도감 안동 분사인 광흥사는 훈민정음해례본과 언해본을 간행하는 중추적 역할을 하였다.

간경도감에서 훈민정음해례본을 간행하여 훈민정음을 마무리하고,《언해본》을 간행하여 훈민정음을 보급하였다.

복천사 행차와
훈민정음해례본은 관계 있을까?

 세조 10년(1464)에 이루어진 세조대왕의 복천사 행차와 훈민정음해례본 간행은 관계 있을 것이다. 세조대왕의 복천사 행차는 훈민정음해례본을 간행한 시기를 짐작할 수 있는 행사이기 때문이다. 세조대왕은 복천사에서 신미대사에게 간행한 훈민정음해례본을 증정하였을 것이다. 세조 7년(1461) 6월 16일에 간경도감을 설치하고 세조 10년 2월 18일까지 충분히 훈민정음해례본을 간행할 수 있었을 것이다.

 세조대왕의 복천사 행차가 세조실록 세조 10년 2월 18일에 실려 있다.

 임금이 속리산 속리사(법주사)를 가고, 이어서 복천사로 가서, 복천사에 쌀 3백 석, 노비 30구(인), 전지 2백 결(약 60만 평)을, 속리사에 쌀·콩 아울러 30석을 하사하고 신시(오후 3~5시)에 행궁으로 돌아왔다.

세조 10년은 세조대왕의 즉위 10주년이자 신미대사의 진갑이 되는 해이다. 세조대왕의 아버지 세종대왕이 중창한 복천사로 행차하여 신미대사를 예방하고 많은 곡식과 농토와 노비를 주었다. 그리고 훈민정음이야말로 만년의 보배라는 뜻으로 '만년보력(萬年寶曆)'이라고 새긴 옥(玉)을 신미대사에게 선물하였다. 이는 아버지 세종대왕의 뜻을 받들어 훈민정음 사업을 마무리한다는 의미가 담겨 있는 선물인 것이다.

또한, 세조대왕은 부모님의 위패가 봉안된 복천사 극락전에 아버지 세종대왕과 관련 있는 《월인천강지곡》과 어머니 소헌왕후와 관련 있는 《석보상절》을 합본한 《월인석보》를 증정하였을 것이다.

세조대왕의 속리산 복천사 행차는 세조실록, 《복천보장(福泉寶藏)》, 《청권집유(淸權輯遺)》에 실려 있다. 《복천보장》은 김수온(1410~1481)이 복천사 행차 내용을 기록한 필사본이다. 《청권집유》는 효령대군의 문집으로 복천사 행차를 기록한 세조어제 후기가 실려 있다. 《복천보장》과 《청권집유》에는 세조대왕이 복천사에 3일간 머물렀다고 하였다.

세조실록에는 세조 10년(1464) 2월 18일에 경기도 광주, 죽산 연방, 진천 광석, 청주 초정, 청주, 보은 회인과 동평을 거쳐 2월 28일에 속리사(법주사)와 복천사를 들러 오후 3~5시경에 행궁으로 돌아와 29일에 문의현에 머물고 30일에는 전의현으로 돌아와 한나절 머물렀다고 하였다.

왜 효령대군은
세조어제 후기를 지었을까?

　효령대군은 세조어제(世祖御製)를 읽고 감동하여 세조어제 후기(後記)를 지었다고 하였다. 효령대군의 문집인 《청권집유(清權輯遺)》에 세조어제 후기가 실려 있다.

　세조 10년(1464) 2월 28일 순수(행차)하는 길에 속리산의 복천사에서 예불하였다. 종훈(왕족으로 벼슬에 있는 사람과 공을 세운 신하)·정부·육조·백료(모든 벼슬아치)와 장상(장군과 정승)을 거느리고 극락전 법당에 들어가서 삼보에 공양하였다. 아울러 혜각존자 신미선덕과 사지 대선사와 학열과 학조 등 대사를 보고 조선 영세의 복전을 짓도록 하였으며,

　~(중략)~

　세종 32년(1450)에 대왕께서 병환으로 효령대군 집으로 옮겨가셨다. 그때 문종과 주상(세조) 전하께서 모셨으나 의약과 기도만으로는 보람을 얻지 못하자 이에 승려들이 정근하니 과연 영묘한 감응을 얻어 성궁(세종대왕)이 편하신지라 여

러 종실이 다투어 재물을 내어서 아미타불과 관세음보살과 대세지보살 등 삼존불을 만들고 혜각존자 미공(신미스님)이 와서 이 절을 도우니 참으로 명산대찰이 되었다. 낡은 것을 치우고 새로이 하니 층루와 빼어난 절집이 산골짜기에 높이 솟았다. 드디어 삼존불을 극락전에 봉안한 것이다.

당초 세종대왕께서 존자(신미스님)의 이름을 들으시고 불러 대담하시니 그의 답이 영리하고, 의리가 정교하고 막힘이 없이 아뢰고, 답하는 것이 왕의 뜻에 어긋남이 없어 왕의 대우가 두터웠고, 문종께서 혜각존자 선교 도총섭이라는 칭호를 내려 뭇 사찰을 통솔하게 하였다.

우리 성상(세조)께서 잠저(임금이 되기 전)에 계실 때부터 서로 지음(마음속을 알아 친함)함이 지극하더니 즉위하자 돌보아줌이 더욱 극진했다. 이 절은 세종대왕께서 만드신 불상이 있는 곳이요, 이 절의 혜각존자는 또 선왕인 문종께서도 후대하시었다.

세조 10년(1464) 봄 2월에 충청도로 행차할 제 청주에 이르러 이틀을 머물고 피발령을 넘어 회인으로 행차하셨다. 이달 27일에 보은의 병풍송(정이품송)에 임금님 수레를 멈추시고 그 이튿날에 군사를 산 아래에 머물게 하고 사자위사대(어가 앞에서 호위하는 부대)·공현위 장용대(어가 주위를 호위하는 부대)·

사복(말과 가마 일 담당자) 및 효령대군, 임영대군, 영응대군, 영순군, 영천군, 귀성군, 은천부정, 영의정부사 신숙주, 운성부원군 박종우, 하성위 정현조, 인산군 홍윤성, 문성군 류수, 행상호군 이윤손, 병조판서 윤자운, 공조판서 김수온, 호조판서 김국광, 행상호군 임원준, 병조참판 송문림, 도승지 노사신, 우승지 이파, 우부승지 신연, 첨지중추부사 윤금, 충청도 관찰사 신영손 등에게 임금을 모시고 뒤따르는 일을 명하시고 상감께서 왕비와 왕세자와 더불어 이 절에 행차하시니 시각이 정오였다. 상감께서 친히 불전에 나아가 향을 사르고 또 이를 계기로 33인을 뽑아 법당에 가도록 하니 비로소 음식·의복·침구·탕약 등 네 가지의 공양물을 모두 갖추었다.

3일 동안 법회를 마치고 호조에 전교(임금이 내린 명령)하여 밭 2백 결과 쌀 3백 석을 하사하고 또 형조로 하여금 노비 30인을 더하여 절 일하는 일꾼으로 삼게 하였다. 그리고 어필을 하사하여 절에 두게 하니 존자 신미선덕·사지대선사·학열·학조 등이 크게 은혜에 감사하였고, 한편 이 일에 관하여 김수온에게 기록하도록 명하셨다.

효령대군은 세조대왕의 복천사 행차에 동행하였으므로 복천사 행차와 세종대왕의 복천사 중창 내용을 자세하게 기록할 수 있었다.

누가 간경도감에서
일하였을까?

  간경도감에서 일한 사람들은 번역가, 서예가, 목수, 소목장, 각자장, 인출장, 표지장, 책장 등이었다.

  번역은 신미대사, 수미대사, 홍준대사, 학열대사, 설준대사, 효운대사, 자해대사, 학조대사, 윤사로, 황수신(1407~1467), 김수온, 한계희(1423~1482), 강희맹 등이 하였다.

  글씨는 강희안, 정난종(1433~1489) 등이 썼다.
  목재를 다루는 목수, 목판을 만드는 소목장(小木匠), 글씨를 새기는 각자장(刻手), 인쇄하는 인출장(印手), 표지를 만드는 표지장(標紙匠), 책을 매는 책장(冊匠) 등 잡다한 일은 스님들이 하였다.

> 더 알아보기

학조대사

학조대사 진영(합천 해인사)

학조대사(1431~1514)는 안동김씨 10세손으로 안동 소산에서 아버지 김계권과 어머니 예천 권씨의 장남으로 태어났다. 호를 등곡, 황악산인이라 하였다. 관악산 삼막사 등곡대에서 깨달음을 얻어서 등곡이라 하였고, 경북 김천의 직지사에 살면서 황악산을 좋아하여 황악산인이라 하였다. 학조대사는 어려서 안동 학가산 애련사(중대사)로 출가하여 속리산 복천암으로 가서 신미대사의 제자가 되었다.

학조대사는 간경도감 안동 분사인 광흥사에서 《월인석보》와 훈민정음해례본 간행에 공을 세웠다. 세조 10년(1464) 세조대왕이 속리산 복천사로 행차하였을 때 3일간 법회를 주관하였다. 세조 13년(1467)에는 어명으로 금강산 유점사를 중창하고, 성종 19년(1488)에는 인수대비의 명으로 해인사 장경각을 고쳐 팔만대장경 목판이 잘 보전되도록 하였다. 연산군 6년(1500)에는 팔만대장경 3부를 인쇄하고 발문을 지었다.

속리산 복천사에 있는 학조대사의 승탑은 보물 제1418호로 지정되었다.

학조대사 승탑(보은 속리산 복천사)

6장 • 언제 훈민정음해례본을 간행하였을까?

언제 간경도감을 폐지하였을까?

세조대왕은 간경도감을 설치하여 훈민정음 보급에 앞장섰다. 간경도감에서 간행한 훈민정음해례본과 언해본은 중요한 국문학 자료가 되었다.

간경도감에서 발행한 언해본

책 이름	편찬 및 간행연도	편찬자
월인석보(25권)	세조 5년(1459)	신미, 수미, 설준, 김수온
대불정수능엄경 언해(10권)	세조 7년(1461)	신미, 김수온, 한계희
묘법연화경 언해(7권)	세조 9년(1463)	세조, 신미
훈민정음해례본(1권)	세조 10년(1464)	신미
반야바라밀다심경 언해(1권)	세조 10년(1464)	효령대군, 황수신, 한계희
불설아미타경 언해(1권)	세조 10년(1464)	세조, 신미
선종영가집 언해(2권)	세조 10년(1464)	효령대군, 신미
금강반야바라밀경 언해(2권)	세조 10년(1464)	세조, 한계희
원각경 언해(11권)	세조 11년(1465)	효령대군, 신미, 한계희
몽산화상법어약록 언해(1권)	세조 13년(1467)	신미
목우자수심결 언해(1권)	세조 13년(1467)	신미

법어 언해 (1권)	세조 13년 (1467)	신미
금강경삼가해 언해 (5권)	성종 13년 (1483)	학조, 한계희, 강희맹
남명집 언해 (2권)	성종 13년 (1483)	학조
불정심경 언해 (3권)	성종 16년 (1485)	학조
육조법보단경 언해 (3권)	연산군 2년 (1496)	학조(?)

간경도감은 사대부와 유생들의 반대로 성종 2년(1471) 12월에 폐지되었다.

상주본의 발견으로
밝혀진 것은?

　신문과 방송에서 2008년 7월 30일 상주에서 훈민정음해례본이 발견되었다고 보도하였다. 상주에서 훈민정음해례본이 발견되었다고 상주본이라 한다.
　도굴범이 법원에서 안동 광흥사에서 상주본을 훔쳤다고 진술한 기사가 〈서울신문〉 2011년 11월 11일 12면에 실려 있다.

경북 상주에서 발견되어 이내 사라진 훈민정음 해례본.
한글을 보급하기 위해 제작한 한문 해설서로 세상에 나왔지만 수백 년간 사람들이 몰라보고 먼지를 뒤집어쓰고 있었다. 뒤늦게 가치를 알아본 이들이 무가지보(無價之寶)라며 치켜세우더니 소유권 다툼 끝에 소재조차 알 수 없게 됐다.
지난달 24일 대구지방법원 상주지원 1호 법정. 조모(66)씨가 상주에서 운영하는 골동품 가게에서 해례본 상주본을 훔치고 은닉, 훼손한 혐의(문화재보호법 위반)로 구속 기소된 배모(48)씨 재판에 문화재 도굴 일인자로 알려진 서상복(50)씨가 증인으로 출석했다.

서씨를 증인으로 부른 박순영 검사가 "증인이 절취한 고서의 표지, 일명 '가오리'를 보고 훈민정음해례본임을 알 수 있었나."라고 묻자 서씨는 "그렇다."고 답했다.
 이어 박 검사가 "경북 안동 광흥사에서 훔친 것인가?"라고 묻자 그는 "거기서 나왔다."고 답했다.
 서씨는 광흥사 대웅전의 나한상 등에 들어있던(복장) 수십 권의 고서를 절취했는데 그중 한 권이 간송미술관이 소장하고 있는 국보 70호와 동일 판본인 상주본이었다. 그는 조씨에게 간기(刊記·출간한 연도 기록)가 직지심체요절보다 50년 앞선 고려 금속활자본 불경을 1억원에 팔았다. 며칠 뒤에는 상주본을 비롯한 고서 한 상자를 500만원에 넘겼다. 광흥사에서 훔칠 당시 상주본 상태에 대해 그는 "표지와 내용을 몇 장 들춰보고 훈민정음해례본임을 알았으며 뒷장이 떨어져 나가고 너덜너덜했다."고 증언했다.

〈서울신문〉, 2011. 11. 11. 12면

 상주본이 발견됨으로써 훈민정음해례본을 간행한 장소와 간행한 시기를 알 수 있게 되었다.

안동 광흥사와
훈민정음해례본은 관계 있을까?

안동 학가산 광흥사

 안동 광흥사와 훈민정음해례본은 관계 있을 것이다. 간송본과 상주본이 발견된 것은 안동에서 간행하였기 때문일 것이다. 상주본을 안동 광흥사에서 훔쳤다는 것은 간행한 장소가 안동 광흥사임을 밝히는 단서다.

 간경도감 안동 분사인 광흥사에서 훈민정음해례본을 간행하고 간행된 목판을 판각전에 보관하였다. 광흥사 판각전에는 훈민정음해례본을 비롯한 《월인석보》 등 많은 언해본과 간행했던 목판이 보관되어 있었다.

　광흥사는 보물창고이자 훈민정음의 성지였다. 그러나 일부 몰지각한 기독교인이 한국 동란이란 어수선한 틈에 불을 질러 훈민정음해례본을 비롯한 중요한 국가 유산이 건물과 함께 불에 타버렸다. 참으로 안타깝고 참혹한 일이었다.
　지금의 광흥사는 한국 전쟁 후에 새로 지었다.

광흥사에 보관된 훈민정음해례본은 어찌 되었을까?

안동 광흥사 판각전(板刻殿)은 임금과 직접 관련 있는 건물에만 사용할 수 있는 전(殿)자를 붙여 판각전이라 하였다. 이는 훈민정음해례본에 세종어제가 실려 있고, 《월인석보》에 세조어제가 실려 있기 때문이다. 광흥사 판각전에는 훈민정음해례본과 간행한 목판 400여 장, 《월인석보》 21권과 간행한 목판 등 수많은 보물이 보관되어 있었다.

안타깝게도 안동 광흥사와 풍기 희방사가 불탔다는 기사가 〈동아일보〉 1952년 11월 12일 2면에 실려 있다.

연희대학교 민영규 교수는 약 1개월에 걸쳐 태백 소백의 험악한 산줄기를 타고 영주 영천 안동 등 13개 군, 주로 경상북도 일원에 산재에 있는 사찰 고적을 찾아, 가진 애로와 난관을 무릅쓰고 현지를 답사하여 전쟁을 겪은 후 사찰 문화재의 피해 상황을 실지 조사하고 돌아왔는데 이번 답사 결과는 예상했던 것보다도 훨씬 비관하지 않을 수 없다 한다.

당시 경북 당국자들의 문화재에 대한 인식 부족으로 무참히도 소실되고 만 것은 심히 통탄하지 않을 수 없으며 고귀한 사찰 문화재의 막대한 소실은 우리 민족문화의 상실일뿐더러 문화 국민이라고 자칭하는 배달민족의 일대 수치라고 생각하지 않을 수 없다고 말하면서 문화재가 소실하기까지의 경로를 한 예를 들어 다음과 같이 말했다.

즉 단기 4283년(1950) 1월 영주군 풍기군 일대에 소개령이 내리자 그 부근에 있는 희방사가 무인지경이 됨으로 인하여 그 사찰에 비장해 둔 고귀한 문화재가 유실될까 염려한 영주군수는 이의 소개의 필요성을 절실히 느끼고 그 비용으로 금십만원을 경북도청에 공문으로 청구하였으나 그 공문은 물위에 떠도는 부초처럼 경북도청 내를 두루두루 돌아다니다가 아무 효과를 나타내지도 못한 채 다음 해 1월 13일에 이르러 광흥사의 방화(야소교신자들의 소치)에 연달아 희방사 등의 소진으로 말미암아 거기에 비장해 둔 월인석보 21권과 그 판목 222장 동 15장 훈민정음 판목 400여 장 기타 세계에 자랑할 만한 예술적 가치가 풍부한 불상 및 중요문화재가 거대한 사찰과 함께 한 줌의 재가 되었다는 것이다.

〈동아일보〉, 1952. 11. 12. 2면

우리나라의 한 기독교인이 종교가 다르다는 이유로 광

홍사와 희방사에 불을 질러 소중한 국가 유산을 모두 태운 것이다.

더 알아보기: 서여 민영규

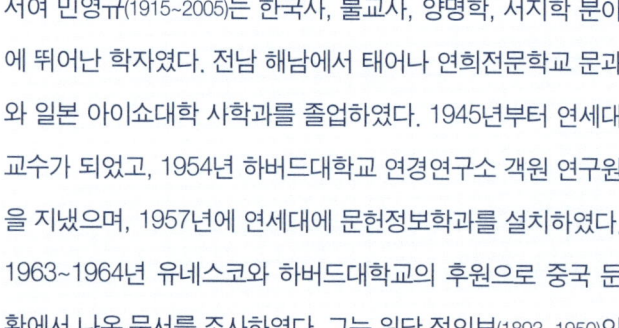

서여 민영규(1915~2005)는 한국사, 불교사, 양명학, 서지학 분야에 뛰어난 학자였다. 전남 해남에서 태어나 연희전문학교 문과와 일본 아이쇼대학 사학과를 졸업하였다. 1945년부터 연세대 교수가 되었고, 1954년 하버드대학교 연경연구소 객원 연구원을 지냈으며, 1957년에 연세대에 문헌정보학과를 설치하였다. 1963~1964년 유네스코와 하버드대학교의 후원으로 중국 둔황에서 나온 문서를 조사하였다. 그는 위당 정인보(1893~1950)의 양명학을 이어받았다.

일본 교토대학에 있는 《중편조동오위(1680년본)》가 일연(1206~1289)스님의 저술임을 밝혔다. 《중편조동오위》는 조동종의 중심사상을 일연스님이 주를 달아 보완한 책이다.
《고려대장경신탐(高麗大藏經新探)》에서 서지학 자료에 근거하여 해인사 고려대장경의 목판을 새긴 곳이 남해군과 진양군임을 밝혔다.

《사천강단(四川講壇)》은 1990년부터 3년간 중국 현지를 답사하고, 마조 도일스님(709~788)이 남악 회양스님(677~744)의 제자가 아니라 신라 왕족 출신의 무상스님(684~762) 제자임을 밝힌 책이다. 무상스님의 선 사상이 구산선문, 일연(1206~1289), 경허 성우스님(1846~1912)으로 이어진 역사를 밝혔다.

1994년 10월에 논문집 〈사천강단 서여문존기인(四川講壇 西餘文存其人)〉을 우반출판사에서 간행하였고, 1997년에 논문집 〈사천강단(四川講壇)〉을 민족사에서 출판하였다.

〈법보신문〉 2005. 2. 2

조선 백성은 언제 훈민정음을 사용하였을까?

언제 조선 백성들이 훈민정음을 사용하였는지를 알 수 있는 자료는 훈민정음으로 쓴 편지다.

김종직(1431~1492)의 부인은 세조 14년(1468)에 서울에 있는 남편에게 한자와 이두를 사용하여 편지를 썼다. 이 시기에는 양반층 부녀자들이 훈민정음을 사용하지 않았다는 것을 알 수 있다.

양반층 부녀자가 훈민정음을 사용한 시기를 알려 주는 자료는 신천강씨가 시집간 딸 순천김씨에게 명종 10년(1555)에 보낸 편지다. 이 편지는 1977년 4월 공군비행장을 건설하던 중 청주시 북일면 외남리 석병산 남쪽에 있던 채무이(1537~1594)와 부인인 순천김씨의 합장묘에서 발견되었다. 순천김씨 관에서 명종 10년부터 선조 13년(1580) 사이에 쓴 훈민정음 편지 189점, 한문 편지 3점, 그리고 옷가지 등이 나왔다.

백성들이 훈민정음을 본격적으로 사용한 시기는 영조 52년(1776) 《염불보권문》이 보급된 이후다. 여러 경전에서 좋은 내용을 뽑아 경북 예천 용문사의 명연스님이 숙종 30년(1704)에 《염불보권문》을 편찬하였고, 황해도 구월산 흥률사에서 영조 52년에 목판본으로 간행하였다.

참고도서

권연웅(2015), 경연과 임금 길들이기, 파주시: 지식산업사
김동소(2007), 한국어의 역사, 대구: 정림사
김진아, 김기연, 박수진 역(2016), 한글의 탄생, 파주시: 돌베개
박병채(1991), 논주 월인천강지곡, 서울: 세영사
박영준, 시정곤, 정주리, 최경봉(2011), 우리말의 수수께끼, 서울: 김영사
방종현(1948), 훈민정음 통사, 서울: 일성당
손보기(1984), 세종대왕과 집현전, 서울: 세종대왕기념사업회
안춘근(1991), 옛 책, 서울: 대원사
유창균(1996), 훈민정음 역주, 서울: 형설출판사
이기문(2006), 국어사 개설, 서울: 태학사
이기문 편(1976), 주시경 전집, 서울: 아세아문화사
정광(2015), 한글의 발명, 파주시: 김영사
최현배(1971), 한글갈, 서울: 정음사
허웅(1999), 한글과 민족문화, 서울: 세종대왕기념사업회
한국정신문화연구원(1991), 한국민족문화대백과사전, 서울: ㈜삼화인쇄
송기중(1996년 여름), 세계의 여러 문자와 한글, 새국어생활, 제6권 제2호
광흥사(2014), 훈민정음해례본과 학가산 광흥사, 안동: 디자인 판
복천암(2011), 복천사지, 충북: 복천암
조선왕조실록, https//sillok.history.go.kr/

당신이 생각한 마음까지도 담아 내겠습니다!!

책은 특별한 사람만이 쓰고 만들어 내는 것이 아닙니다.
원하는 책은 기획에서 원고 작성, 편집은 물론,
표지 디자인까지 전문가의 손길을 거쳐
완벽하게 만들어 드립니다.
마음 가득 책 한 권 만드는 일이 꿈이었다면
그 꿈에 과감히 도전하십시오!

업무에 필요한 성공적인 비즈니스뿐만 아니라 성공적인 사업을 하기 위한 자기계발, 동기부여, 자서전적인 책까지도 함께 기획하여 만들어 드립니다. 함께 길을 만들어 성공적인 삶을 한 걸음 앞당기십시오!

도서출판 모아북스에서는 책 만드는 일에 대한 고민을 해결해 드립니다!

모아북스에서 책을 만들면 아주 좋은 점이란?

1. 전국 서점과 인터넷 서점을 동시에 직거래하기 때문에 책이 출간되자마자 온라인, 오프라인 상에 책이 동시에 배포되며 수십 년 노하우를 지닌 전문적인 영업마케팅 담당자에 의해 판매부수가 늘고 책이 판매되는 만큼의 저자에게 인세를 지급해 드립니다.

2. 책을 만드는 전문 출판사로 한 권의 책을 만들어도 부끄럽지 않게 최선을 다하며 전국 서점에 베스트셀러, 스테디셀러로 꾸준히 자리하는 책이 많은 출판사로 널리 알려져 있으며, 분야별 전문적인 시스템을 갖추고 있기 때문에 원하는 시간에 원하는 책을 한 치의 오차 없이 만들어 드립니다.

기업홍보용 도서, 개인회고록, 자서전, 정치에세이, 경제 · 경영 · 인문 · 건강도서

모아북스 MOABOOKS 문의 0505-627-9784

삶을 업그레이드 하는 더 나은 삶 ——————— 모아북스

내 글도 책이 될까요?
이해사 지음 | 320쪽 | 15,000원
(2021 우수출판콘텐츠 선정작)

독한 시간
최보기 지음 | 248쪽 | 13,800원

걷다 느끼다 쓰다
이해사 지음 | 364쪽 | 15,000원

독서로 말하라
노충덕 지음 | 240쪽 | 14,000원

인문·독서 도서

누구나 쉽게 작가가 될 수 있다
신성권 지음 | 284쪽 | 15,000원

배움은 어떻게 내 것이 되는가
박성일 지음 | 212쪽 | 16,000원
(2021 텍스트형·오디오북 제작 지원 선정작)

베스트셀러 절대로 읽지 마라
김욱 지음 | 288쪽 | 13,500원

일기쓰기 이렇게 시작합니다
최철호 지음 | 312쪽 | 21,000원

세종실록에 숨은
훈민정음의 비밀

초판 1쇄 인쇄 2024년 09월 10일
2쇄 발행 2024년 09월 25일

지은이	우세종
발행인	이용길
발행처	**모아북스** MOABOOKS

총괄	정윤상
디자인	이룸
관리	양성인
홍보	김선아

출판등록번호	제 10-1857호
등록일자	1999. 11. 15
등록된 곳	경기도 고양시 일산동구 호수로(백석동) 358-25 동문타워 2차 519호
대표 전화	0505-627-9784
팩스	031-902-5236
홈페이지	www.moabooks.com
이메일	moabooks@hanmail.net
ISBN	979-11-5849-248-9 03710

· 좋은 책은 좋은 독자가 만듭니다.
· 본 도서의 구성, 표현안을 오디오 및 영상물로 제작, 배포할 수 없습니다.
· 독자 여러분의 의견에 항상 귀를 기울이고 있습니다.
· 저자와의 협의 하에 인지를 붙이지 않습니다.
· 잘못 만들어진 책은 구입하신 서점이나 본사로 연락하시면 교환해 드립니다.

모아북스 는 독자 여러분의 다양한 원고를 기다리고 있습니다.
(보내실 곳 : moabooks@hanmail.net)